HISTOIRE
DE LA MAISON
DE
MONTMORENCI.

TOME PREMIER.

HISTOIRE
DE LA MAISON
DE
MONTMORENCI.

Par M. DESORMEAUX.

TOME PREMIER.

CONTENANT *la Généalogie de la Maison, & son Histoire depuis l'année* 960 *jusqu'en* 1531.

A PARIS,

Chez { DESAINT & SAILLANT, Libraires, rue S. Jean de Beauvais. DUCHESNE, Libraire, rue S. Jacques.

M. DCC. LXIV.

Avec Approbation & Privilege du Roi.

A MONSEIGNEUR
LE DUC
DE MONTMORENCI
LUXEMBOURG,

Pair, Maréchal et Premier Baron de France, Chevalier des Ordres du Roi, Capitaine des Gardes de Sa Majesté, Gouverneur de Normandie.

Monseigneur,

Voici l'Hiſtoire de vos Ancêtres : Vous y verrez de grands exemples de courage, de probité, de désintéressement, d'amour pour la Patrie. Ce sont les vertus qu'on voit briller en Vous, MONSEIGNEUR: puissent-elles être à jamais le partage de tous ceux qui porteront le nom immortel de Montmorenci.

Je suis avec le plus profond respect,

MONSEIGNEUR,

Votre très-humble & très-obéissant Serviteur,

DESORMEAUX.

HISTOIRE
DE LA MAISON
DE MONTMORENCI.

INTRODUCTION.

L'éclat de la Maison de Montmorenci est tel que son nom seul fait son éloge. On ne la voit sortir de la nuit des temps, que pour remplir les plus éminentes dignités de l'Etat, pour s'allier à presque toutes les Maisons souveraines de l'Europe. C'est cette grandeur attestée par l'histoire, & soutenue sans nulle interruption, depuis Hugues Capet jusqu'à nos jours, qui détermina dans le siecle passé le savant André du Chêne à donner l'Histoire généalogique de cette grande Maison, ouvrage qui a toujours passé pour *le chef-d'œuvre du maître de l'art* ; c'est en effet la généalogie la plus authentique, la plus claire, la mieux prouvée que l'on connoisse après celle de la Maison Royale. Il la commence à Bouchard I, environ l'an 950 de l'Ere chrétienne, & l'amene jusqu'en 1624, c'est-à-dire jusqu'à Pierre de Montmorenci II du nom, marquis de Fosseux, bisaïeul de M. le baron de Montmorenci ; jusqu'à François de Montmorenci, comte de Boutteville, bisaïeul de M. le maréchal de Luxembourg ; jusqu'à Jean de Montmorenci, comte d'Esterre, depuis prince de Robeque, bisaïeul de M. le prince de Robeque ; jusqu'à Guillaume de Montmorenci, vicomte de Roullers, bisaïeul de M. le prince de Montmorenci; jufqu'à Gui-Urbain de Montmorenci-Laval, marquis de Laval-Lezai, bifaïeul de M. le duc de Laval; & enfin jufqu'à Gabriel de Montmorenci-Laval, baron de la Faigne, cinquieme aïeul de M. le comte de Laval, petit-fils du dernier maréchal de Montmorenci : ces fix Seigneurs font les chefs des fix branches actuellement exiftantes de la Maifon de Montmorenci.

D'après l'excellent ouvrage de du Chêne, il paroîtroit peut-être inutile & fuperflu de donner une nouvelle hiftoire de la Maifon de Montmorenci ; mais comme cet Ecrivain s'eft plus attaché à la généalogie & aux alliances des Montmorenci, qu'à leurs actions, on a cru que le public verroit avec d'autant plus de plaifir l'hiftoire des hommes les plus illuftres de cette Maifon, qu'on y a ajouté celle de

François-Henri de Montmorenci, maréchal, duc de Luxembourg, l'un des plus grands Capitaines que la France ait produits.

On protefte ici qu'on fe feroit bien donné de garde de publier cet ouvrage, fi les Montmorenci n'avoient été que de grands Seigneurs, les premiers barons de France; on ne l'a entrepris, que parce que la plupart de ceux qui ont porté le nom de Montmorenci, ont rendu des fervices éclatants à la patrie. Six d'entr'eux ont été honorés de l'épée de Connétable, onze du bâton de Maréchal, quatre de la dignité d'Amiral : on ne parle point des grands-Sénéchaux, des grands-Maîtres, des grands-Chambellans, des grands-Bouteilliers, des Chambriers, des grands-Pannetiers, des Chevaliers de S. Michel, de la Toifon d'Or, de la Jarretiere, du S.

INTRODUCTION.

Esprit ; le nombre en est étonnant. Tout ce qu'on peut ajouter, c'est que l'histoire ancienne & moderne n'offre point de Maison, dans quelque nation que ce soit, qui ait fourni à sa patrie plus de Généraux, & de défenseurs. C'est ce qui faisoit dire, il y a deux cents ans, au célebre Ronsard en parlant de cette Maison :

> Cette race est sur toute la plus belle,
> Race héroïque & antique, laquelle,
> De pere en fils guerrier victorieux,
> A porté son renom jusqu'aux Cieux.

Tel est le plan qu'on s'est prescrit pour jetter de l'ordre & de la clarté dans cet ouvrage : on commence par donner la généalogie de la Maison, & sur-tout des branches existantes aujourd'hui ; on entre ensuite dans le détail des actions des hommes les plus illustres de la Maison ; mais comme plusieurs ont paru en même-temps sur la scêne, on a jugé à propos, pour éviter la confusion, de rapporter à l'article des chefs de la Maison, en conservant avec soin les dates & les époques, tout ce qui est arrivé de plus intéressant dans les branches cadettes. On a suivi cet ordre jusqu'à Jean II, baron de Montmorenci inclusivement. Personne n'ignore que Jean indigné de voir ses deux fils aînés dans le parti des ducs de Bourgogne, les exhéréda; qu'il transféra le droit d'aînesse & la baronnie de Montmorenci à Guillaume son troisieme fils. Ce Guillaume fut l'auteur de la branche la plus illustrée de sa Maison; branche qui après avoir donné dans l'espace d'un peu plus d'un siecle deux Connétables, quatre Maréchaux, deux Amiraux, deux Grands-Maîtres, cinq Ducs & Pairs de France, s'est éteinte dans la maison de Bourbon-Condé. C'est sous l'article de Guillaume & de ses descendants représentants les aînés de la Maison, qu'on parlera des Montmorenci des autres branches qui se signalerent le plus dans le même temps.

On n'avancera rien sans citer les auteurs originaux à la marge : on aura soin de choisir les plus connus & les plus estimés. Quant à l'histoire particuliere du maréchal de Luxembourg plus approfondie, plus détaillée, parce qu'elle approche plus de notre temps, on l'a écrite sur les monuments authentiques que le petit-fils du héros, l'héritier de son nom, de ses titres & de ses vertus, a fournis : ce sont des Lettres de Louis XIV, de MM. de Louvois & de Barbesieux ; on a profité de plusieurs morceaux que le Maréchal a lui-même écrits sur sa prison, sur sa disgrace, & sur plusieurs autres événements ; on a lu avec soin tous les Ouvrages du temps, les Historiens étrangers & nationaux ; enfin les mémoires de M. de S. Germain, gentilhomme attaché dès son enfance au Maréchal ; l'histoire des cinq dernieres campagnes de ce Général donnée au public depuis quelques années, ont été du plus grand secours.

Persuadé qu'il ne peut y avoir de plus noble panégyrique des grands hommes que leurs actions, on ne relevera point, par la pompe du stile & des expressions, les exploits des Montmorenci. Le respect qu'on doit à la vérité ne permettra de dissimuler ni leurs fautes, ni leurs défauts, ni leurs malheurs. Mais on dissipera avec force les nuages que la calomnie a répandus sur quelques-unes de leurs actions ; on s'élevera sur-tout avec le courage que

INTRODUCTION.

les intérêts de la vertu opprimée inspirent contre les auteurs du mystere d'iniquité qui forcerent le maréchal de Luxembourg de se justifier des imputations les plus absurdes & les plus atroces : quant aux épigrammes & aux chansons que l'envie fit éclore contre lui, on les laissera dans l'oubli où l'Europe les a justement condamnées; on dira seulement que Luxembourg & Turenne qui fut lui-même l'objet de la satyre, ne répondirent à des épigrammes que par des victoires; on ajoutera que la postérité ne parlera jamais qu'avec respect de ces grands hommes, tandis que les auteurs des chansons & des satyres ont laissé une mémoire odieuse, juste fruit de la méchanceté.

Avant que de finir, on ne peut s'empêcher de témoigner sa surprise d'avoir vu répéter dans un livre, d'ailleurs très-intéreſſant (ª), la harangue inſenſée & féroce qu'un écrivain Hollandois met dans la bouche du maréchal de Luxembourg avant ſon expédition de Voerden. M. l'Abbé Raynald ignore ſans doute que cet ouvrage a toujours été regardé comme une ſatyre contre la nation Françoiſe, & contre le maréchal de Luxembourg en particulier. L'écrivain réfugié ne rend juſtice qu'à la naiſſance & à la valeur du Maréchal ; il le peint d'ailleurs ſous les couleurs les plus noires & les plus fauſſes, juſqu'à lui faire *remercier Dieu de l'avoir fait naître ſans pitié, ſans compaſſion, afin d'être d'autant plus capable de ſervir Louis XIV, & d'exécuter ſes projets.* C'eſt donner une étrange idée du Monarque & de ſon Général. On ne dira rien du premier, dont le caractere eſt généralement connu ; quant au

(a) *L'Ecole Militaire.*

Maréchal, tous ceux qui liront cette histoire, verront combien les écrivains Hollandois en ont imposé au public, en représentant comme cruel & inhumain un Général que le prince d'Orange regardoit lui-même comme plein de générosité & de grandeur d'ame. Il est vrai que M. l'Abbé Raynald ajoute que les historiens Protestants se *sont toujours plu à charger le caractere du Maréchal*. Mais n'auroit-il pas mieux fait de laisser ensevelis dans l'oubli des traits aussi faux qu'injurieux?

Quoi qu'il en soit, nous nous applaudirons de nos recherches & de notre travail, si cette histoire peut paroître utile à la noblesse Françoise qui s'efforce de marcher sur les traces de nos grands hommes: *Omnes boni semper nobilitati favemus, & quia reipublicæ utile est nobiles esse dignos majoribus suis, & quia valere debet apud nos senes clarorum hominum de republicâ benè meritorum memoria etiam mortuorum*. Cicero pro Sextio.

En voyant réunies sous un seul point de vue toutes les grandes actions de leurs ancêtres, que les Montmorenci jugent eux-mêmes de tout ce que l'Etat est en droit d'attendre de leur zele, de leur courage & de leur application.

La Maison de Montmorenci se perd dans l'obscurité des temps. On a toujours cru non-seulement en France, mais dans toute l'Europe, qu'elle descend du premier des Francs qui embrassa la Religion Chrétienne. Les uns (a) attribuent son origine à Lisoie, Général de Clovis, qui reçut le baptême après son maître; d'autres (b) la font re-

---

(a) Robert Cenal, Evêque d'Avranches, Liv. I de ses remarques Gauloises; Fauchet, Premier Président de la Cour des Monnoies, Livre II des Antiquités Françoises.

(b) Forcatel auteur d'un Livre intitulé *le Montmorenci Gaulois*, Mérula, du Verdier, Anssel.

monter encore plus haut : ils prétendent que Lisbius, le plus noble & le plus puissant des Gaulois qui habitoient la province qu'on appelle aujourd'hui l'*Isle de France*, converti à la foi chrétienne par l'Apôtre S. Denis, & honoré avec lui de la palme du Martyre, est l'auteur de cette illustre Maison ; delà, ajoutent-ils, les bénédictions qui se sont multipliées sur sa nombreuse postérité, qui depuis tant de siecles a non-seulement échappé aux guerres & aux révolutions qui en ont emporté tant d'autres, mais qui s'est maintenue dans un tel éclat, qu'à la Souveraineté près, il n'y a point de marque de grandeur dont elle n'ait été revêtue.

Quoique les systêmes dont on vient de parler, & plusieurs autres (a) ne soient appuyés que sur des conje-

(a) Forcatel, en son *Montmorenci Gaulois*, &

ctures, il faut avouer qu'ils donnent une idée bien respectable de l'antiquité de la Maison de Montmorenci.

Tout ce qu'il y a de vrai, c'est qu'un héros très-versé dans la connoissance des Antiquités Françoises, écrivoit, il y a plus de quatre cents ans, sous le regne de Philippe le Bel, comme un fait connu de toute la nation : *Montmorenci premier Chrétien de France, premier Baron de France, premier Seigneur de Montmorenci que Roi en France.* C'est ce qui faisoit dire à un célebre écrivain du dernier siecle, en parlant des Montmorenci : *La couronne n'est pas plus an-*

Oraison funebre du maréchal de Luxembourg par le Pere de la Rue.

attribué l'origine de cette Maison à Bouchard, l'un des plus grands Capitaines de Charlemagne ; d'autres à un Seigneur Franc, nommé Gui le Blond. Ce Gui, compagnon d'armes de Charles Martel, tua, dit-on, dans une bataille un Roi Maure de sa propre main. On ajoute qu'en voyant tomber son ennemi, il s'écria : Voilà mon Maure occis ; & qu'en mémoire de cette victoire, il bâtit un Château qu'il appella *Mon-maur-occis*, d'où est venu ensuite le nom de Montmorenci. *Voyez du Chêne, pag. 9.*

cienne sur la tête de nos Rois que la noblesse dans le sang de ces héros.

Au reste, personne n'ignore qu'avant le regne des deux derniers Carlovingiens, les Francs, comme tous les autres peuples de l'Europe, n'avoient d'autre nom que ceux qu'on leur donnoit au baptême ; on ne les distinguoit les uns des autres, que par des surnoms pris de leurs vertus, de leurs vices, de leurs actions ou, de la conformation de leurs corps ; cette confusion, jointe à la perte des vieux titres, a rendu l'origine des plus illustres familles, incertaine, enveloppée de nuages & d'obscurités.

C'est un avantage presqu'unique à la Maison de Montmorenci de pouvoir prouver, par les Chartres de nos Rois, par les monuments de l'histoire, par les titres enfin les plus authentiques une filiation de héros, d'hommes illustres, honorés depuis plus de sept cents ans des premieres dignités de l'Etat (ᵃ).

(ᵃ) Bouchard, Sire de Montmorenci, l'un des plus illustres guerriers de son temps sous Hugues Capet & Robert; Albéric, Connétable sous Henri I; Thibaud de Montmorenci, Connétable sous Philippe I; Hervé de Montmorenci, grand-Bouteiller; Gui de Rochefort, grand-Sénéchal; Hugues son fils aussi grand-Sénéchal sous le même Prince, & sous Louis VI; Albéric, grand-Chambrier; Matthieu I, Connétable & époux d'Alix de Savoie, Reine Douairiere de France sous Louis VII; Hervé de Montmorenci, Connétable d'Irlande; Matthieu II du nom, surnommé le grand Connétable sous Philippe II, Louis VIII & Louis IX; Matthieu de Marly, grand-Chambellan sous Philippe III; Matthieu de Montmorenci IV du nom, Amiral & grand-Chambellan sous Philippe IV; Erard de Montmorenci, grand-Echanson sous Louis X, Philippe V, Charles IV, dit le Bel; Bouchard de Montmorenci, grand-Pannetier; Charles de Montmorenci, Maréchal sous les mêmes Rois, & grand-Pannetier de France sous Philippe VI, Jean I, & Charles V; Gille de Laval, Sire de Rais, Maréchal de France sous Charles VII; Jean II de Montmorenci, grand-Chambellan sous le même Prince; Guillaume de Montmorenci, Gouverneur de l'Orléanois, Chevalier de S. Michel sous Charles VIII, Louis XII, & François I; Anne de Montmorenci, Maréchal, grand-Maître & Connétable de France sous François I, Henri II, François II, Charles IX; François de Montmorenci, grand-Maître & Maréchal de France sous François II, Charles IX & Henri III; Henri I de Montmorenci, Maréchal de France sous Charles IX, Henri III, Connétable sous Henri IV & Louis XIII; Char-

éloges

INTRODUCTION.

Nos Historiens (ᵃ) les plus anciens ne parlent qu'avec de grands éloges de la noblesse des Montmorenci; ils leur donnent presque par-tout la gloire d'avoir été les plus vaillants Chevaliers du Royaume, *les plus preux*, de meilleur conseil, les plus prisés & les plus aimés; il faut convenir aussi que le courage, la probité, l'amour de la gloire & de la patrie sembloient héréditaires dans cette illustre Maison.

Telle étoit, dans les temps les

les de Montmorenci, Duc & Pair, Colonel-Général des Suisses, Amiral de France sous Henri IV & Louis XIII; Urbain de Laval-Bois-Dauphin, Comte de Sablé, Gouverneur d'Anjou, Maréchal de France sous les mêmes regnes; Louis de Montmorenci Boutteville, Vice-Amiral; Henri de Montmorenci, Comte de Luxé, aussi Vice-Amiral dans le même temps; Henri II, Duc de Montmorenci, Amiral & Maréchal de France sous Louis XIII; François-Henri de Montmorenci, Duc de Luxembourg, Maréchal de France sous Louis XIV; Christian-Louis de Montmorenci-Luxembourg, Prince de Tingri; Claude-Roland de Montmorenci-Laval, & Charles-François de Montmorenci, Duc de Luxembourg, Maréchaux de France sous Louis XV.

(ᵃ) Geofroi de Ville-Hardouin, Liv. 10; Rigord, vie de Philippe-Auguste, &c.

Tome I.

plus reculés, la splendeur de cette puissante famille, que les chefs s'intituloient *Sires de Montmorenci par la grace de Dieu.* Les vieilles Chartres leur donnent les mêmes titres qu'aux Rois & aux Souverains; elles les appellent tantôt hommes nobles & illustres, hauts Seigneurs du Royaume, Primats, Palatins, Princes & Barons. Personne n'ignore que cette derniere qualité renfermoit éminemment toutes les autres; les Barons qui rendoient un hommage immédiat à la Couronne, avoient seuls séance dans le Parlement de la nation. Ils composoient ce qu'on appelloit la Cour du Roi, ou la Cour des Pairs par excellence; eux seuls étoient chargés avec le Prince de l'administration de l'Etat; ils ne reconnoissoient d'autre supérieur que le Roi. Les Princes du Sang, les Ducs, les Comtes, les

INTRODUCTION. 19

Evêques étoient également confondus sous le nom de Barons.

La qualité de Baron étoit si éminente, qu'on la donnoit quelquefois aux Rois : un ancien Historien appelle Louis VIII Baron ; Thibaut, Roi de Navarre, est désigné sous le nom de Baron. D'après l'éclat attaché au titre de Baron, est-il étonnant que les Montmorenci l'ayent long-temps préféré à ceux de Primat, de Palatin & de Prince dont nos Rois les avoient souvent honorés.

Mais il reste une difficulté à éclaircir : si les Barons ou les Vassaux immédiats de la Couronne étoient égaux entr'eux, pourquoi les Sires de Montmorenci sont-ils demeurés en possession du titre de premier Baron ? Entre plusieurs raisons qu'on apporte d'une distinction d'autant plus éclatante, qu'elle a toujours

B ij

donné à la Maison de Montmo-renci le premier rang parmi les familles les plus anciennes & les plus illustres du Royaume, voici celle qui paroît la plus vraisemblable. Tout le monde sait que dans le temps de la décadence des descendants de Charlemagne, Robert le Fort, bisaïeul de Hugues Capet, s'empara du Duché de France; les Sires de Montmorenci qui jusqu'alors avoient été vassaux de la Couronne, le devinrent du nouveau Duc; comme ils étoient les Seigneurs les plus nobles & les plus puissants de la Province, ils obtinrent sans peine le premier rang parmi les Barons du Duc de France. Au reste, ce n'est pas seulement dans les Etats du Duc, qu'on voit certains Seigneurs honorés d'un titre si glorieux; dans le même temps ou peu après, les Sires de Joigni obtenoient le même rang en Champagne; les Sires d'Avaugour, en Bretagne. Mais lorsque Hugues Capet parvenu au trône & ses successeurs eurent réuni à la Couronne les grands Fiefs qui en avoient été démembrés, les Barons de ces Fiefs devinrent vassaux immédiats de la Couronne : alors aucun d'eux ne s'avisa de disputer aux Sires de Montmorenci la qualité de premiers Barons, dont ils étoient en possession; c'étoient les plus anciens vassaux immédiats de la Couronne; d'ailleurs l'attachement singulier que les Montmorenci avoient voué à nos Rois, la grandeur de leurs services, la splendeur de leurs alliances, la possession jamais interrompue des plus hautes dignités & des biens immenses, leur donnoit à la Cour, & dans toute la nation un tel degré de considération, qu'il n'y avoit presque point de famille qui pût entrer en concurrence avec la leur.

Au reste, ce ne fut qu'en 1390 que Jacques I, Sire de Montmorenci, prit la qualité de premier Baron de France ; mais il ne s'intitula ainsi, qu'après avoir prouvé au Parlement qu'il étoit (*) le plus ancien Baron du Royaume. Depuis cette époque, nos Rois n'ont jamais cessé de leur donner ce titre.

Preuves de l'histoire de la Maison de Montmorenci par du Chêne, pag. 285.

Ibidem, pag. 305.

Henri II, en érigeant la Terre de Montmorenci en Duché-Pairie, reconnoît que c'est la premiere Baronie de son Royaume ; François I, & Henri IV, en élevant Anne & Henri I de Montmorenci à la dignité de Connétable, leur donnent le titre de premier Baron de France.

(*) C'étoit Jean Galli, le plus savant Avocat de son siecle, qui portoit la parole.

GÉNÉALOGIE
DE LA MAISON
DE MONTMORENCI.

I. BOUCHARD I, seigneur de Montmorenci, d'Ecouen, de Marly, de Bray-sur-Seine, épousa Ildégarde fille de Thibault I, comte de Chartres & de Blois, cousine-germaine du roi Hugues-Capet, il en eut:

BOUCHARD II qui suit.

THIBAUT surnommé File-étoupe, seigneur de Braï & de Montlhéri, grand Forestier de France. Ce Thibaut est auteur de la branche de Montlhéri éteinte en 1118, après avoir eu des alliances avec les maisons de Gommets, de Champagne, de Courtenai, de Rhétel, de Dampierre, de Sens, de Montfort & de France: elle a possédé les terres de Braï, de Montlhéri, de Creci, de Rochefort-en-Yveline, de Gournai, le vicomté de Troies, & les seigneuries de Gommets & de Châteaufort : elle a donné deux Sénéchaux de France.

II. BOUCHARD II, surnommé le Barbu, seigneur de Montmorenci, d'Ecouen, de Marly, de Feuillarde & de Château-Basset, épousa la veuve de Hugues Basset chevalier, il en eut :

BOUCHARD III qui suit.

EUDES, Chevalier.

ALBERIC, connétable de France; auteur d'une branche qui a produit un chambrier de France, éteinte en 1130.

FOUCAUD, Chevalier.

III. BOUCHARD III, seigneur de Montmorenci, d'Ecouen, de Marly, de Feuillarde & de Château-Basset, fut pere de

1°. THIBAUT, seigneur de Montmorenci, & d'Ecouen connétable de France, mort sans enfants en 1090.

2°. HERVÉ, seigneur de Montmorenci, d'Ecouen, de Marly, grand-Bouteillier de France.

3°. GÉOFROI de Montmorenci, tige de

de la branche des châtelains de Gisors, éteinte en 1244 : cette branche a possédé des biens immenses.

4°, N. de Montmorenci, dame d'Aisenville, qui vécut dans la plus haute piété. Elle obtint de Géofroi, évêque de Paris, la permission de bâtir une chapelle dans son château. L'Evêque, dans la chartre qu'il lui en expédia, & dont l'original est à Saint-Martin-des-Champs, loue beaucoup la haute naissance & la piété de cette Dame.

IV. HERVÉ, seigneur de Montmorenci, d'Ecouen, de Marly & de Deuil, Bouteiller de France, mort en 1094, eut d'Agnès son épouse :

1°, BOUCHARD IV, qui suit.

2°, GÉOFROI de Montmorenci.

3°, HERVÉ de Montmorenci.

4°, ALBERIC de Montmorenci, morts tous les trois sans postérité.

5°, HAVOISE de Montmorenci, épouse de Névélon, seigneur de Pierrefons.

V. BOUCHARD IV, seigneur de

Montmorenci, d'Ecouen, de Marly, de Feuillarde, d'Espineul-sur-Seine, d'Hérouville & de Conflans-Sainte-Honorine, épousa, 1°, Agnès de Beaumont, fille d'Yves II, comte de Beaumont-sur-Oyse, & sœur de Matthieu I, comte de Beaumont, chambrier de France : 2°, Agnès de Pontoise, fille de Raoul, seigneur de Pontoise, dit le Délicat, & cousine des rois Philippe I & Louis VI. Il eut de sa premiere femme :

1°, MATTHIEU I du nom, connétable de France, qui suit.

2°, THIBAULT de Montmorenci, Chevalier ; il se croisa pour la Terre-Sainte avec Louis le jeune, & mourut sans postérité.

3°, ADELLE de Montmorenci, épouse de Gui, seigneur de Guise, cousin-germain d'Alfonse le Batailleur, roi d'Arragon : de ce mariage sont venus les comtes de Hainault.

4°, AGNÉS de Montmorenci.

BOUCHARD IV eut de sa seconde femme :

1°, HERVÉ de Montmorenci, connétable d'Irlande, mort sans postérité d'Élisabeth de Meulan, veuve du comte de Pembroc & de Neste, fille de Guillaume l'un des princes de Galles.

2°, HERMER de Montmorenci, Chevalier.

VI. MATTHIEU I, seigneur de Montmorenci, d'Ecouen, de Marly, de Conflans-Sainte-Honorine, d'Attichi, connétable de France, épousa en premieres noces Aline d'Angleterre, fille naturelle de Henri I, roi d'Angleterre; les autres filles naturelles de ce Prince avoient épousé; l'une, Alexandre roi d'Ecosse; une autre, Conan le Gros, comte de Bretagne; une autre enfin, Rotrou I, comte du Perche. Matthieu épousa en secondes noces Alix de Savoie, reine de France, veuve de Louis VI surnommé le Gros. Il eut de son premier mariage:

1°, HENRI, mort jeune.

2°, BOUCHARD V, qui suit.

3°, THIBAULT de Montmorenci, seigneur de Marly; il se croisa en 1173; il mourut vers l'an 1190, moine de Cîteaux dans l'Abbaye de Notre-Dame du Val.

4°, HERVÉ de Montmorenci, doyen de l'église de Paris.

5°, MATTHIEU de Montmorenci, seigneur d'Attichi & ensuite de Marly, l'un des héros de son siecle : on parlera de ses actions dans le cours de l'histoire. Il est l'auteur de la branche de Montmorenci-Marly, éteinte en 1356, après avoir produit un grand chambellan de France en la personne de Matthieu II, seigneur de Marly, & un grand nombre de braves Chevaliers. Cette branche a possédé les terres de Marly, de Verneuil, de Monstreuil-Bonin, de Mondeville, de Picauville, de Lay, de Saissac, de S. Martin, & de Valmondois. Elle a eu des alliances avec les maisons de Garlande, de Châteaufort, de Narbonne, d'où sont descendus les rois de Navarre, de l'Etendard, de Lévi & de l'Isle-Adam.

MATTHIEU eut de la reine de France :

ALIX ou ADELE de Montmorenci, qui épousa, 1°, Gui II, seigneur de Châtillon-sur-Marne : 2°, Jean, châtelain de Choisi : 3°, Raoul, comte de Soissons.

VII. BOUCHARD V, seigneur de Montmorenci, d'Ecouen, de Conflans-Sainte-Honorine, d'Attichi, d'Hérouville, épousa Laurence de Hainault, fille de Baudouin III, comte de Hainault, & d'Alix de Namur descendue de Charlemagne. Il eut de cette Princesse :

1°, MATTHIEU II, qui suit.

2°, ALIX de Montmorenci, épouse de Simon IV, comte de Montfort & de Toulouse, duc de Narbonne, vicomte de Beziers, de Carcassonne & de Nimes.

3°, EVE de Montmorenci, morte sans être mariée.

Il eut pour fils naturel :

JOSSELIN de Montmorenci, Chevalier, tué au siege d'Acre.

VIII. MATTHIEU de Montmorenci II du nom, seigneur de Montmorenci, d'Ecouen, de Conflans-Sainte-Honorine, d'Attichi, connétable de France, surnommé le Grand : il épousa, 1°, Gertrude de Néelle, fille du comte de Soissons : 2°, Emme, héritiere de Laval : elle étoit veuve du comte d'Alençon. Il eut de la premiere :

1°, BOUCHARD VI, qui suit.

2°, MATTHIEU de Montmorenci, seigneur d'Attichi, comte de Ponthieu par son mariage avec Marie, comtesse de Ponthieu & de Montreuil, fille unique & héritiere de Guillaume, comte de Ponthieu, & d'Alix de France, fille de Louis VII : la comtesse de Ponthieu étoit veuve de Simon de Dammartin, dont elle avoit eu Jeanne de Ponthieu, épouse d'Alphonse IX, roi de Castille ; Matthieu n'eut point d'enfants de cette Princesse : il mourut en 1250.

3°, JEAN de Montmorenci ; il servit nos Rois dans toutes leurs expéditions; il mourut sans postérité.

MATTHIEU II eut d'Emme de Laval :

1°, GUI de Montmorenci, baron de Laval, auteur d'une des branches les plus illustres de la maison de Montmorenci, & dont on parlera en son lieu.

2°, HAVOISE de Montmorenci, épouse de Jacques, seigneur de Château-Gonthier, issu des anciens comtes de Bretagne par sa mere; & par son pere, des comtes de Belesme & d'Alençon.

3°, JEANNE de Montmorenci, épouse de Thibaud, comte de Bar.

IX. BOUCHARD VI, seigneur de Montmorenci, d'Ecouen, de Conflans-Sainte-Honorine, épousa Isabelle de Laval, sœur cadette d'Emme de Laval sa belle-mere: il mourut en 1242, aissant d'Isabelle de Laval:

1°, MATTHIEU III, qui suit.

2°, BOUCHARD, seigneur de S. Leu & de Deuil, auteur de la branche de Montmorenci-Nangis & de la Houssaie, éteinte l'an 1402, après avoir produit un grand-pannetier de France; un grand-inquisiteur, réformateur des maîtres des eaux & forêts de France, & plusieurs braves Chevaliers.

3°, THIBAULT de Montmorenci, Ecclésiastique.

4°, HAVOISE de Montmorenci, épouse d'Ansel de Garlande, issu de Guillaume de Garlande, sénéchal de France.

5°, ALIX & JEANNE de Montmorenci, mortes sans être mariées.

X. MATTHIEU III, seigneur de Montmorenci, d'Ecouen, de Conflans-Sainte-Honorine, &c, épousa Jeanne de Brienne, fille d'Erard de Brienne, niece de Henri de Lusignan, roi de Jérusalem & de Chypre : il mourut devant Tunis en 1270. Il eut pour enfants :

1°, MATTHIEU IV, qui suit.

2°, ERARD de Montmorenci, seigneur de Conflans-Sainte-Honorine, grand-échanson de France, auteur de la branche des Montmorenci-Conflans, de Breteuil & de Beausault, éteinte en la personne d'Antoine de Montmorenci, seigneur de Beausault, & de Hugues de Montmorenci tués à la bataille de Verneuil livrée contre les Anglois l'an 1423. Cette branche a eu des alliances avec les maisons de Longueval, de Muret, de Léon, d'Aulnoi, le Bouteiller de Senlis, de la Tournelle, de Néelle, d'Harcourt & de Roye ; elle a aussi produit deux abbesses de Fontevrault. Elle a possédé les terres de Conflans, de Maffiers, de Boissy, de Chauffour, de Monsoult, de Frémenville, de Beausault, de Breteuil, de la Falaife, des Tournelles, du Pleffis-Cacheleu.

3°, ROBERT de Montmorenci, fous-Prieur de l'abbaye de S. Denis.

4°, GUILLAUME de Montmorenci, chevalier du Temple.

5°, JEANNE de Montmorenci, époufe de Baudouin, comte de Guines.

6°, SIBILLE de Montmorenci, morte fans être mariée.

XI. MATTHIEU IV, feigneur de Montmorenci, d'Ecouen, d'Argentan, d'Amville, amiral & grand-chambellan de France, furnommé le Grand, époufa, 1°, par difpenfe (ª) du Pape, Marie de Dreux, princeffe du Sang, fille de Robert IV, comte de Dreux, & de Béatrix, comteffe de Beaufort : par ce mariage, il devint beaufrere d'Alexandre III, roi d'Ecoffe, & d'Artus, duc de Bretagne, il n'en eut point d'enfants. Il époufa en fecondes noces, Jeanne de Lévis, fille de Gui de Lévis, feigneur de Mirepoix, maréchal de la Foi, & d'Ifabeau de Marly : il mourut en 1305. Il eut de ce mariage :

(ª) Ils étoient parens du 5ᵉ au 6ᵉ degré.

1°, MATTHIEU V, seigneur de Montmorenci, d'Ecouen, d'Amville, &c; il épousa Jeanne de Chantilly, fille de Jean le Bouteiller, seigneur de Chantilly, issu des anciens comtes de Senlis : il n'en eut point d'enfants; ses biens passerent à son frere.

2°, JEAN I du nom, qui continua la postérité.

3°, ALIX de Montmorenci, morte sans postérité.

XII. JEAN I, seigneur de Montmorenci, d'Ecouen, d'Amville, d'Argentan, de Berneval, épousa Jeanne Calletot, Dame de Berneval; il mourut en 1325 : on voit son tombeau en l'église de Conflans-Sainte-Honorine. Il laissa de Jeanne Calletot son épouse:

1°, CHARLES, qui suit.

2°, JEAN de Montmorenci, seigneur d'Argentan, évêque d'Orléans.

3°, MATTHIEU de Montmorenci, seigneur d'Avreménil, auteur de la branche des Montmorenci-Bouqueval & Goussainville, éteinte en 1461 : cette branche a eu des alliances avec les maisons de Vendôme, de Lorriz, de

Braque, de Rataut, de Sévigné, de Villiers-l'Isle-Adam & d'Aulnoy: elle a possédé les terres d'Avreménil, de Goussainville, de Bouqueval, de Baubigni, d'Eaubonne, de Trêmes & de Silli.

4°, ISABEAU de Montmorenci, épouse de Jean, seigneur de Châtillon-sur-Marne, grand-queux & grand-maître de France, fils de Gaucher de Châtillon, comte de Porcéan, connétable de France, & d'Isabeau de Dreux, princesse du Sang.

XIII. CHARLES, seigneur de Montmorenci, d'Ecouen, d'Amville, d'Argentan, de Feuillarde, de Vitri-en-Brie, de Chaumont-en-Vexin, de Blazon, grand-pannetier & maréchal de France, épousa, 1°, Marguerite de Beaujeu, fille de Guichard le Grand, seigneur de Beaujeu & de Dombes, & de Marie de Châtillon; il n'en eut point d'enfants: 2°, Jeanne de Rouci, fille de Jean, comte de Rouci, & de Marguerite de Bomés: 3°, Pernelle de Villiers, fille aînée d'Adam de Villiers, seigneur de Villiers, nièce de

Pierre de Villiers, seigneur de l'Isle Adam, grand-maître de France. Charles mourut le 11 Septembre 1391; il est enterré en l'église de Notre-Dame du Val, où l'on voit son tombeau. Il eut de Jeanne de Rouci :

1°, JEAN de Montmorenci, mort enfant.

2°, MARGUERITE de Montmorenci, épouse de Robert d'Estouteville, d'une des plus anciennes & des plus illustres maisons de Normandie; leur postérité a fondu dans les maisons de Bourbon-Vendôme, & d'Orléans-Longueville.

3°, JEANNE de Montmorenci, épouse de Gui de Laval dit Brumor, seigneur de Chaloyau, l'un des plus braves Chevaliers de son siecle.

4°, MARIE de Montmorenci, épouse, 1°, de Guillaume d'Yvri d'une des plus anciennes maisons de Normandie: 2°, de Jean de Châtillon, grand-maître-d'hôtel de la Reine, & capitaine de la ville de Rheims.

De Pernelle de Villiers, sa troisieme femme, Charles de Montmorenci eut:

1°, CHARLES, mort jeune.

2°, JACQUES, qui suit.

3°, PHILIPPE, tué à la bataille de Zirixée livrée par Philippe II, duc de Bourgogne, contre les Hollandois.

4°, DENYSE de Montmorenci, épouse de Lancelot-Turpin, seigneur de Vihers & de Crissé, chambellan de Charles VI.

XIV. JACQUES seigneur de Montmorenci, d'Ecouen, d'Amville, de Conflans-Sainte-Honorine, de Vitri-en-Brie, conseiller, chambellan de Charles VI, & premier baron de France, épousa Philippe de Melun, fille de Hugues de Melun, seigneur d'Epinoy & d'Antoin, & de Béatrix de Beauffart, fille & héritiere de Robert de Beauffart, connétable de Flandres: il mourut l'an 1414 à la fleur de son âge, laissant pour enfants:

1°, JEAN II, qui suit.

2°, PHILIPPE de Montmorenci, auteur de la branche des princes de Montmorenci actuellement existante, & dont on parlera en son lieu.

3°, PIERRE de Montmorenci, mort sans avoir été marié.

4°, DENYS de Montmorenci, doyen de Tournai, nommé à l'évêché d'Arras,

Jacques de Montmorenci eut trois enfants naturels.

XV. JEAN II, seigneur de Montmorenci, d'Ecouen, d'Amville, de Conflans-Sainte-Honorine, de Vitri, premier baron & grand-chambellan de France, épousa, 1°, Jeanne de Fosseux, dame de Fosseux, de Nivelle, d'Auteville, de Wimes, une des plus riches héritieres des Pays-Bas : cette Dame mourut le 2 Septembre 1431. Jean épousa ensuite Marguerite d'Orgemont, arriere-petite-fille du chancelier d'Orgemont, & fille de Pierre d'Orgemont, chambellan du Roi, seigneur de Chantilly, de Montiay, Aufois, Chaverci, Marines. Jean II mourut en 1477 ; il est enterré à S. Martin de Montmorenci : cinq ans avant sa mort il avoit déshérité ses deux fils aînés, sçavoir :

1°, JEAN de Montmorenci, seigneur de Nivelle, qui suit.

2°, LOUIS de Montmorenci, baron de Fosseux, auteur des branches de Montmorenci-Fosseux, Montmorenci-Luxembourg, Montmorenci-Robeque, existantes aujourd'hui, & dont on rapportera la postérité après celle de son frere aîné.

De sa seconde femme, Marguerite d'Orgemont, Jean II eut :

1°, GUILLAUME, qui par l'exhérédation de ses deux freres aînés, devint baron de Montmorenci: il est l'auteur de la branche des ducs de Montmorenci dont on parlera après celle de ses deux freres.

2°, PHILIPPE de Montmorenci, épouse 1°, de Charles de Melun, seigneur de Normanville, lieutenant-général du Royaume & grand-maître de France, décapité l'an 1468 : elle épousa (ª) ensuite Guillaume Gouffier, seigneur de Boissy & de Bonnivet, premier chambellan de Charles VIII.

3°, MARGUERITE de Montmorenci, épouse de Nicolas d'Anglure, seigneur de Bourlaymont.

(ª) Elle eut de ce mariage Artus Gouffier, comte d'Etampes, grand-maître de France, gouverneur du Dauphiné ; Guillaume Gouffier, seigneur de Bonnivet, amiral de France; Adrian de Gouffier, Cardinal & Légat en France.

Branche des Seigneurs de Nivelle, Comtes de Hornes.

XVI. JEAN de Montmorenci, seigneur de Nivelle, de Wimes, conseiller & chambellan du duc de Bourgogne, épousa Goudele Villain, chanoinesse de Maubeuge, fille de Jean Vilain, seigneur de Huisse, d'une maison très-ancienne & très-illustre dans les Pays-Bas; il mourut le 26 Juin 1477, onze jours avant son pere. Il eut pour enfants :

1°, JEAN de Montmorenci, seigneur de Nivelle; il eut de grands procès avec Guillaume de Montmorenci son oncle, pour la baronnie de Montmorenci ; le Parlement lui en adjugea le quart. Jean épousa Marguerite de Hornes, fille de Jacques I, comte de Hornes, & de Jeanne de Mœurs; il fonda un couvent de Cordeliers à Nivelle, & mourut sans postérité légitime le 12 Avril 1510.

2°, JACQUES de Montmorenci, mort dans un voyage à la Terre-Sainte, sans postérité.

3°, PHILIPPE de Montmorenci,
qui

qui continua la postérité, & dont on va parler ci-après.

4°, MARGUERITE de Montmorenci, épouse d'Arnoul de Hornes, comte de Hautkerke, vicomte de Bergue-saint-Vinox.

5°, HONORINE de Montmorenci, épouse de Nicolas de Sainte-Aldegonde, seigneur de Noircarmes.

XVII. PHILIPPE de Montmorenci I du nom, seigneur de Nivelle, de Burcht, de Zwindrecht, de Wimes, d'Hubermont, de Liedekerke, de Saint-Leu, du Plessis-Bouchard, de Montigny, de Wimy, de Pharbus, & de la quatrieme partie de la baronnie de Montmorenci, épousa en 1496 Marie de Hornes, fille aînée de Frédéric de Hornes, seigneur de Montigny & de Philippe de Melun. Il mourut l'an 1526, laissant :

1°, FREDERIC de Montmorenci, mort jeune.

2°, JOSEPH de Montmorenci, qui continua la postérité.

3°, ROBERT de Montmorenci, seigneur de Wimes, de Lieucourt, grand baillif de S. Omer, épousa Jeanne de Bailleul, fille & héritiere de Charles de Bailleul de Douxlieu, maréchal héréditaire de Flandres, & de Jeanne de Cleves; mais il n'eut point d'enfants.

4°, PHILIPPE de Montmorenci, seigneur de Hachicourt, de Wimy, de Pharbus, du Bosquet, d'Escarpel, d'Auberlieu, chef des finances & conseiller d'état des Pays-Bas, chevalier de la Toison d'or, mort en 1566 sans alliance; il a un tombeau magnifique à S. Albin de Douai.

5°, ISABEAU de Montmorenci, épouse de Joachim de Hangest, seigneur de Moyencourt.

6°, MARGUERITE de Montmorenci, épouse de Robert de Longueval, seigneur de la Tour.

7°, MARIE de Montmorenci, morte sans avoir été mariée.

8°, FRANÇOISE de Montmorenci, épouse de Floris d'Egmont, comte de Bures & de Léerdam.

9° & 10°, HELENE & CLAUDE de Montmorenci, Religieuses.

XVIII. JOSEPH de Montmorenci,

seigneur de Nivelle, de Hubermont, de Huiſſe, de Burcht, de Zwindrecht, de S. Leu, du Pleſſis - Bouchard & de la quatrieme partie de la baronnie de Montmorenci, épouſa le 26 Août 1523, Anne d'Egmont, fille aînée de Floris d'Egmont, comte de Bures & de Léerdam, chevalier de la Toiſon d'or, gouverneur général de la Flandre, & de Marguerite de Bergues. Joſeph voyant que les guerres continuelles de Charles-Quint & de François I l'empêcheroient de jouir tranquillement des biens qu'il avoit en France, les vendit en 1527, à Anne de Montmorenci ſon couſin; comme il ſe rendoit à Boulogne au couronnement de l'Empereur, il mourut en chemin à peine âgé de 30 ans. Anne d'Egmont ſa veuve ſe remaria avec Jean, comte de Hornes, prince ſouverain de Vert & d'Altena. Joſeph de Montmorenci avoit eu de cette Dame:

1°, PHILIPPE de Montmorenci II du nom, ſeigneur de Nivelle, comte de Hornes, dont on va parler.

2°, FLORIS de Montmorenci, baron de Montigni, dont on parlera après ſon frere.

3°, MARIE de Montmorenci, qui épousa, 1°, Charles, comte de Lalain, chevalier de la Toison d'or, gouverneur du Hainault : 2°, Pierre Ernest, comte de Mansfeld, chevalier de la Toison d'or, gouverneur du duché de Luxembourg.

4°, ELÉONORE de Montmorenci, épouse, 1°, de Pontus de Lalain, seigneur de Bugnicourt, chevalier de la Toison d'or, gouverneur de l'Artois : 2°, Antoine de Lalain, comte d'Hoochtraste, chevalier de la Toison d'or.

XIX. PHILIPPE de Montmorenci, II du nom, seigneur de Nivelle, comte de Hornes & de Mœurs, baron d'Altena, prince souverain de Vert, chevalier de la Toison d'or, capitaine de la garde Flamande de Philippe II, roi d'Espagne, chef des Finances & du conseil d'Etat des Pays-Bas, grand-Amiral des 17 provinces, gouverneur & lieutenant-général des provinces de Gueldres, de Zutphen & du Tournaisis, fut le plus riche seigneur des Pays-Bas. Il perdit, comme on a vu, son pere très-jeune; le comte de Hornes son beau-pere qui n'avoit point d'enfants, l'adopta, & lui laissa des biens immenses : le nouveau comte parut avec éclat à la cour de Charles V. Il rendit à ce Prince & à Philippe II son successeur les plus grands services. Ce fut lui qui, après le duc de Savoie & le comte d'Egmont, contribua le plus à la fameuse victoire de S. Quentin. Devenu capitaine des gardes de Philippe II, il accompagna ce Prince en Allemagne, en Italie, en Espagne, en Angleterre : à son retour dans les Pays-Bas, l'Empereur lui donna le gouvernement des provinces de Gueldres & de Zutphen ; il le créa chevalier de la Toison d'or, grand-amiral des Pays-Bas. Lorsque ce Prince eut abdiqué l'Empire, Philippe II l'admit dans le conseil d'Etat ; il le fit chef & président du conseil des Finances. Tel étoit le désintéressement du comte de Hornes, qu'il vendit pour plus de trois cents mille écus d'or de son bien, pour subvenir aux nécessités de ces florissantes Provinces ; mais tous ses services ne purent le garantir de la destinée la plus tragique. Soupçonné par Philippe II de s'opposer à l'établissement de l'Inquisition & à la suppression des privileges de sa patrie, il fut arrêté & condamné avec le comte d'Egmont son compagnon d'armes, à perdre la tête le 5 Juin 1568. On sait que la mort des deux Comtes fut vengée par des torrents de sang: presque toutes les provinces des Pays-Bas qui idolâtroient ces deux grands hommes, se souleverent; sept d'entr'elles, après de longues & de terribles guerres, secouerent le joug Espagnol, & devinrent libres. Telle est l'origine de la république de Hollande la plus celebre de l'Europe. Le comte de Hornes avoit épousé Walpurge de Nieunaert qui lui apporta en dot les comtés de Mœurs, de Nieunaert & de Zaerweden ; il n'en eut qu'un fils mort avant lui ; toute sa succession passa à Floris de Montmorenci son frere.

XIX. Floris de Montmorenci, baron de Montigny, seigneur de Hubermont, de Wimy & de Leuse, comte de Hornes & d'Altena, prince souverain de Vert, chevalier de la Toifon d'or, gentilhomme de la chambre de Philippe II, roi d'Efpagne, gouverneur, grand-baillif & capitaine géneral de Tournai & du Tournaifis, naquit en 1528; il fut élevé en France chez fon coufin Anne de Montmorenci, connétable de France. A fon retour dans les Pays-Bas, il fervit avec diftinction: fes fervices lui valurent à 31 ans le collier de la Toifon d'or. Quelque temps après le retour de Philippe II en Efpagne, les Etats Généraux des Pays-Bas l'envoyerent en Efpagne, pour demander au Roi le rappel du cardinal de Granvelle. A fon retour, le baron de Montigny qu'on regardoit comme un des feigneurs des Pays-Bas qui avoit le plus de génie & de talent, époufa Hélene de Melun, fille de Hugues de Melun, prince d'Epinoy, connétable héréditaire de Flandres; bientôt après, il fut renvoyé en Efpagne avec le comte de Bergues, pour conjurer Philippe II de ne point établir l'Inquifition en Flandre. Cette commiffion lui fut funefte; en effet, le duc d'Albe n'eut pas plutôt fait arrêter le comte de Hornes son frere, qu'il fut lui-même constitué prisonnier au château de Ségovie, où il resta pendant deux ans & demi. Lorsqu'Anne d'Autriche, fille de l'empereur Maximilien, passoit dans les Pays-Bas, pour épouser Philippe II, elle promit à la famille consternée d'obtenir du Roi la liberté de Floris; mais le duc d'Albe qui ne le haïssoit & ne le redoutoit gueres moins que le feu comte de Hornes, se hâta d'écrire en Espagne, pour qu'on eût à s'en défaire; l'impitoyable Philippe II le condamna à mort, il fut transporté au château de Simancas; les uns disent qu'il fut empoisonné par un page qui le servoit; d'autres prétendent qu'il périt par l'épée. Quoi qu'il en soit, en lui finit la postérité mâle de Jean de Montmorenci, seigneur de Nivelle, fils aîné de Jean II, baron de Montmorenci. Par sa mort arrivée au mois d'Octobre 1570, la postérité de Louis de Montmorenci, baron de Fosseux, second fils de Jean, devint l'aînée de la maison de Montmorenci.

Branche

Branche des Barons de Foſſeux, devenus aînés de la Maiſon de Montmorenci.

XVI. LOUIS de Montmorenci, baron de Foſſeux, ſeigneur de Barly, d'Auteville, de la Tour de Chaumont en Vexin, des Vaſtines, de Roupy, de Nomain, conſeiller & chambellan du duc de Bourgogne, & enſuite de Charles VIII, roi de France: il fut deshérité, comme on le verra plus particuliérement dans le cours de cette hiſtoire, avec Jean de Nivelle ſon frere. Après la mort de ſon pere, il eut de grands procès avec Guillaume, baron de Montmorenci, ſon frere; il prétendoit être le principal héritier de ſa maiſon, attendu la mort de ſon frere aîné, & que la repréſentation n'avoit pas lieu dans la coutume de Paris; mais le Parlement, par un Arrêt donné le 20 Juillet 1483, confirma la donation de Jean II. Louis s'oppoſa à l'exécution de l'Arrêt, prétendant au moins entrer en poſſeſſion de la moitié des biens de ſon pere, comme douaire de ſa mere. Le Parlement, par un autre Arrêt donné le 7 Août, ordonna que le premier feroit exécuté au profit de Guillaume. Enfin les deux freres tranfigerent : Louis fe défifta de fes prétentions, à condition que Guillaume lui céderoit la terre de la Tour-au-Begue, & lui feroit d'autres avantages confidérables : l'acte qu'ils pafferent entr'eux eft daté du 27 Octobre 1483. Louis de Montmorenci, après s'être diftingué dans toutes les guerres de fon temps, à la conquête de la Normandie fur les Anglois, dans la guerre du bien public en faveur du duc de Bourgogne, à la bataille du pont d'Epierres livrée en 1452 contre les Gantois, mourut en 1490, dans un voyage à S. Jacques en Efpagne. Il avoit époufé Marguerite, dame de Vaftines, de l'ancienne & illuftre maifon de Waurain. Il eut de ce mariage :

1°, ROLAND de Montmorenci, baron de Foffeux, qui continua la poftérité.

2°, OGER de Montmorenci, feigneur de Vaftines, auteur de la branche des comtes d'Efterre, princes de Robeque & de Morbeque, Grands d'Efpagne, dont on parlera en fon lieu.

3°, JEAN de Montmorenci, feigneur de Roupy & de Nomain, auteur d'une branche éteinte en la personne de son fils Nicolas de Montmorenci, seigneur de Roupy.

4°, CYPRIAN de Montmorenci, seigneur de Barly, mort sans postérité.

XVII. ROLAND de Montmorenci, baron de Fosseux, seigneur d'Auteville, de la Tour de Chaumont, de Baillet - sur - Esche, épousa Louise d'Orgemont, fille de Charles d'Orgemont, seigneur de Mery, & de Jeanne Dauvet. Il mourut en 1506 laissant:

1°, CLAUDE de Montmorenci, baron de Fosseux, qui suit.

2°, ANNE de Montmorenci, épouse, 1°, d'Antoine de Créqui, seigneur de Raimbonval : 2°, de Guillaume de la Mothe, seigneur de Beausart.

3°, LOUISE de Montmorenci, épouse de Jean de Rouvroi de S. Simon, seigneur de Sandricourt.

XVIII. CLAUDE de Montmorenci, baron de Fosseux, seigneur d'Auteville, de Lenval, de Baillet-sur-Esche, de Courcelles, de Grignevalle, d'Ezanville, de Champs-sur-Marne,

Compans, la Tour de Chaumont, &c, lieutenant-général de la Marine de France, épousa Anne d'Aumont, fille de Ferry, seigneur d'Aumont & de Meru, & de Françoise de Ferrieres. Cette Dame lui apporta les terres d'Agnicourt, de Boulines, d'Andeville, de Lardieres, de Corbeil-le-Cerf, de la Neuville-d'Aumont, d'Amblainville, de le Vau-de-Mole, d'Angleterre, la baronnie de Thury, les seigneuries de Besu & de Crevecœur, & plusieurs autres. Il servit François I avec beaucoup de valeur; ses services lui valurent la dignité de lieutenant-général de la Marine qui répondoit à celle de Vice-Amiral. Claude mourut en 1546, laissant:

1°, PIERRE de Montmorenci, baron de Fosseux, marquis de Thury, dont il sera parlé ci-après.

2°, FRANÇOIS de Montmorenci, seigneur d'Auteville, de Crevecœur, de la Roche-Milet, de Boutteville, auteur d'une des plus illustres branches de la maison de Montmorenci connue d'abord sous le nom de Montmorenci-Boutteville, & aujourd'hui de Montmorenci-Luxembourg.

3°, Charles de Montmorenci, aumônier du Roi, abbé de Lannoy.

4°, George de Montmorenci, seigneur d'Aumont; il épousa Françoise Potart, dame de Germigny, dont il n'eut qu'une fille mariée avec Richard le Pelletier, seigneur de Martainville.

5°, Claude de Montmorenci, seigneur d'Amblainville, & abbé de Ressons.

6°, Charlotte de Montmorenci, épouse de Charles du Croc, seigneur de Mortfontaine.

7°, Genevieve de Montmorenci, épouse, 1°, de Gilles de Pellevé, seigneur de Rebés, 2°: de Jean de Rouvroi de S. Simon, seigneur d'Hedouville.

8° & 9°, Françoise de Montmorenci, Religieuse; Claude de Montmorenci, Religieuse.

XIX. Pierre de Montmorenci I du nom, baron de Fosseux, marquis de Thury, comte de Château-Vilain, seigneur de Baillet-sur-Esche, de Courtalain, de Courcelles, &c, chevalier de l'ordre du Roi, capitaine de 50 hommes d'armes de ses ordonnances, se signala au siege de Mets & dans toutes les guerres de Henri II, de Charles IX & de Henri III. En 1570, il devint l'aîné de sa maison ; ce fut en sa faveur que le roi Henri III érigea la baronnie de Thury en Marquisat ; le Roi dans les lettres d'érection comble d'éloges la maison de Montmorenci ; il reconnoît qu'elle est issue par femmes, des maisons de Bourgogne, de Bourbon, &c ; que Pierre de Montmorenci en est le chef.

Extrait du trésor de la Chancellerie.

Ce même Pierre vendit la baronnie de Fosseux à Jean de Hennin, seigneur de Cuvilliers, de la maison de Chimay ; mais pour ne pas perdre un titre sous lequel son bisaïeul, son aïeul, son pere & lui étoient connus, il obtint du Roi l'érection de la terre de Baillet-sur-Esche en baronnie, sous le nom de Fosseux : ce Seigneur mourut vers l'an 1582. Il avoit épousé Jacqueline d'Avaugour, fille aînée de Jacques d'Avaugour, seigneur de Courtalain ; & de Catherine de la Baume, comtesse de Château-Vilain ; cette Dame lui apporta de grands biens en mariage. Il en eut :

1°, ANNE de Montmorenci, marquis de Thury, qui suit.

2°, GUI de Montmorenci, mort jeune.

3°, PIERRE de Montmorenci, seigneur de Lauresse, chevalier de l'ordre du Roi, capitaine de 50 hommes d'arme, gouverneur du Perche & du château de Loir. Ce Seigneur rendit de grands services aux rois Henri III & Henri IV: il épousa, 1°, Louise de Laval, dame de la Faigne; 2°, Susanne de Rieux, fille de René de Rieux, marquis d'Acerac. Il eut des enfants dont la postérité s'est éteinte dans le dernier siecle.

4°, CLAUDE de Montmorenci, mort jeune.

5°, FRANÇOIS de Montmorenci, baron de Fosseux, chevalier de l'ordre du Roi, conseiller d'Etat, capitaine de 50 hommes d'armes, sénéchal, gouverneur & lieutenant-général pour le Roi dans le pays de Gévaudan, mort sans être marié.

6°, FRANÇOIS de Montmorenci, connu aussi sous le nom de baron de Fosseux, après la mort de celui dont on vient de parler, chevalier de l'ordre du Roi, capitaine de 50 hommes d'armes des ordonnances de Sa Majesté, mort sans postérité de Charlotte de Garges.

7°, LOUISE de Montmorenci, épouse de Louis de Vallée, baron de Pecheré.

8°, JEANNE de Montmorenci, épouse de René de Beauxfoncles, seigneur de Sigogne, chevalier de l'ordre du Roi, gouverneur de Dieppe.

9°, DIANE de Montmorenci, épouse; 1°, de Louis de Franquetot, seigneur d'Auffay, chevalier de l'ordre du Roi: 2°, d'Isaac de Piennes, seigneur de Briqueville-Colombieres.

10°, ANTOINETTE de Montmorenci, épouse de Michel du Guat, baron de Montgaugier, gouverneur d'Amboise.

11°, FRANÇOISE de Montmorenci, épouse de François de Broc, baron de S. Mars de la Pile, chevalier de l'ordre du Roi.

XX. ANNE de Montmorenci, marquis de Thury, baron de Fosseux, seigneur de Courtalain, chevalier de l'ordre du Roi, capitaine de 50 hommes de ses ordonnances, premier chambellan du duc d'Anjou, servit Henri III & Henri IV; il épousa Marie de Beaune, fille de Jean de Beaune, premier maître-d'hôtel de la Reine, niece du célebre Renaud de Beaune, archevêque de Bourges & de Sens, grand-aumônier de France. Il mourut en 1592, laissant:

1°, PIERRE de Montmorenci, marquis de Thury, qui suit.

2°, FRANÇOIS de Montmorenci, d'abord abbé de Molesme & du Tronchet: il se maria ensuite, & fut auteur de la branche de Montmorenci-Châteaubrun éteinte en 1746.

3°, JACQUELINE de Montmorenci, épouse de Florimond de Moulin, seigneur de Rochefort.

XXI. PIERRE de Montmorenci II du nom, marquis de Thury, baron de Fosseux, seigneur de Courtalain, chevalier de l'ordre du Roi, épousa Charlotte du Val, fille de Germain du Val, vicomte de Corbeil, seigneur de Mareuil, de Fontenay, gouverneur du Louvre. Il mourut en 1615 à la fleur de son âge; il eut pour enfants:

1°, FRANÇOIS de Montmorenci, marquis de Fosseux & de Thury, seigneur de Courtalain, qui suit.

2°, MARIE, alliée à Gui Arbaleste, vicomte de Melun.

XXII. FRANÇOIS de Montmorenci, marquis de Fosseux & de Thury, seigneur de Courtalain, &c, mourut le 25 Février 1684. Il avoit épousé Elisabeth de Harville, fille d'Antoine, marquis de Paloiseau, gouverneur de Calais. Il en eut:

1°, LOUIS-MATTHIEU de Montmorenci, abbé de Géneston, chanoine & grand-vicaire de Tournai.

2°, JACQUES-BOUCHARD, mort jeune.

3°, LÉON, qui suit:

4°, ANNE-FRANÇOISE, Religieuse.

XXIII. LÉON de Montmorenci, chef du nom & armes de Montmorenci, marquis de Fosseux, seigneur de

Courtalain, colonel du régiment de Forès, épousa en 1697 Marie-Magdeleine-Jeanne Pouffemothe de l'Étoile, fille de Jean Pouffemothe de l'Étoile, préfident au parlement de Paris. Il en a eu :

1°, ANNE-LÉON de Montmorenci, qui fuit.

2°, MARIE-CHARLOTTE de Montmorenci, alliée à Louis de Montaigu, marquis de Bouzols, chevalier des ordres du Roi, lieutenant-général de fes armées.

3°, ANNE-JULIE de Montmorenci, mariée à Emmanuel de Rouffelet, comte de Château-Regnaud, lieutenant-général au gouvernement de Bretagne : elle eft Dame de compagnie de Mefdames.

XXIV. ANNE-LÉON de Montmorenci, chef du nom & armes de Montmorenci, premier baron de France, premier chrétien du Royaume, chevalier des ordres du Roi, chevalier d'honneur de Madame, lieutenant-général des armées du Roi, appellé le *baron de Montmorenci* : il eft né en 1705;

il a épousé, 1°, Anne-Marie-Barbe de Ville, fille unique & héritiere d'Arnold de Ville, baron du Saint-Empire, morte le 13 Août 1731 : 2°, Marie-Magdeleine - Gabrielle de Charette-Montebert, veuve en premieres noces de Louis de Serrent, marquis de Kerfily ; & en secondes nôces, de Henri-François d'Avaugour, comte de Vertus. M. le baron de Montmorenci a pour fils unique de son premier mariage :

XXV. ANNE-LÉON de Montmorenci, marquis de Fosseux, né le 11 Août 1731, menin de Monseigneur le Dauphin, maréchal des camps & armées du Roi, ci-devant capitaine-lieutenant des gendarmes de la Reine; il a épousé N.... de Champagne, dont il a un fils.

Branche de Montmorenci-Boutteville, Montmorenci-Luxembourg.

XIX. FRANÇOIS de Montmorenci, baron de Boutteville, d'Auteville, de la Roche-Milet, seigneur de Hallot, de Crevecœur-en-Auge, de Lucarro, de Monteille, de Corbeil-le-Cerf, chevalier de S. Michel, avant l'institution de l'ordre du S. Esprit, capitaine de 50 hommes d'armes des ordonnances du Roi, étoit, comme on a vu, second fils de Claude de Montmorenci, baron de Fosseux, & d'Anne d'Aumont : il brisa ses armes d'un lambel d'azur. Il épousa, 1°, Jeanne de Montdragon, fille unique & héritiere de Troïlus, seigneur de Montdragon de la Palus & de Trezeguidy : 2°, Louise de Gebert. Il eut de la premiere de ces deux femmes :

1°, FRANÇOIS de Montmorenci, seigneur de Hallot, chevalier de l'ordre du Roi, capitaine de 50 hommes de ses ordonnances, baillif & gouverneur de Rouen & de Gisors, lieutenant-général de la province de Normandie : ce Seigneur rendit des services signalés aux rois Henri III & Henri IV ; il fut assassiné à Vernon le 22 Septembre 1592. Il avoit épousé Claude-Hebert d'Ossonvilliers, dont il eut deux filles : 1°, Françoise de

Montmorenci, épouse de Sébastien de Rosmadec, baron de Molac, chevalier de l'ordre du Roi, capitaine de 50 hommes d'armes, gouverneur de Dinan, colonel de l'infanterie de Bretagne : 2°, Jourdaine-Magdeleine de Montmorenci, épouse de Gaspard de Pelet, vicomte de Cabanes, chevalier de l'ordre du Roi, capitaine de 50 hommes d'armes, gouverneur de Caen, lieutenant-général pour le Roi en Normandie.

2°, JACQUES de Montmorenci, seigneur de Crevecœur-en-Auge, capitaine de 50 hommes d'armes, chevalier de l'ordre du Roi, gouverneur de Caen & de Falaise. Ce Seigneur illustre par ses services, n'eut point d'enfants de son épouse Joffine d'Offignies.

3°, LOUIS de Montmorenci, seigneur de Boutteville, qui continua la postérité.

De sa seconde femme Louise de Gébert, François de Montmorenci eut :

MARGUERITE de Montmorenci, alliée à René de Rouxellé, baron de Saché.

XX. Louis de Montmorenci, seigneur de Boutteville & de Precy, comte souverain de Luxe, chevalier de l'ordre du Roi, grand baillif & gouverneur de Senlis, vice-amiral de France, né en 1560, signala son courage dans les guerres de son temps. Il épousa Charlotte-Catherine de Luxe, fille & héritiere de Charles, comte souverain de Luxe en la basse-Navarre, chevalier de l'ordre & capitaine de 50 hommes d'armes, & de Claude de S. Gelais de Lusignan, l'un & l'autre issus de deux des plus illustres & des plus anciennes familles de la Navarre. Louis de Montmorenci dont les actions seront détaillées dans le cours de l'histoire, mourut le 20 Mars 1615, âgé de 55 ans. Il eut de son épouse :

1°, Henri de Montmorenci, comte souverain de Luxe, vice-amiral de France, grand-baillif & gouverneur de Senlis & de Falaise : il mourut le 20 Mars 1616, âgé de dix-neuf ans sans avoir été marié.

2°, François, qui continua la postérité, & dont on va parler ci-après.

3°, Louis, abbé de S. Lô.

4°, Claude de Montmorenci, alliée à Antoine, comte, depuis duc de Grammont, gouverneur de la Navarre, chevalier des ordres du Roi.

5°, Louise de Montmorenci, épouse de Henri, comte de Tournon & de Roussillon, gouverneur & grand-sénéchal d'Auvergne.

XXI. François de Montmorenci, comte de Boutteville, souverain de Luxe, seigneur de Precy, de Gaillarbois, &c, gouverneur & grand-baillif de Senlis : on parlera des actions & de la fin tragique de ce seigneur. Il avoit épousé Angelique-Élisabeth de Vienne : il mourut en 1627 : son épouse lui a survécu 68 ans, n'étant morte que le 6 Août de l'année 1696. Il eut de cette Dame, l'une des plus respectables de son siecle par son courage, sa piété & ses vertus :

1°, François-Henri de Montmorenci, duc de Luxembourg, pair & maréchal de France.

2°, Marie-Louise de Montmorenci, épouse de Dominique d'Etampes, d'Etampes, marquis de Valençay.

3°, ÉLISABETH-ANGELIQUE de Montmorenci, alliée, 1°, à Gafpard de Coligni, duc de Châtillon, pair de France, tué à Charenton à la veille d'être fait maréchal de France: 2°, à Chriftian-Louis, duc de Meckelbourg-Schwerin, prince des Vandales, morte en 1696.

XXII. FRANÇOIS-HENRI de Montmorenci, duc de Luxembourg & de Piney, prince de Tingri, comte de Boutteville, de Ligny & de Dangu, fouverain de Luxe & d'Aigremont, pair, maréchal & premier baron de France, chevalier des ordres du Roi, capitaine des gardes de S. M. gouverneur de Champagne & enfuite de Normandie, le plus grand capitaine que la maifon de Montmorenci ait produit, époufa le 17 Novembre 1661, Magdeleine-Charlotte-Bonne-Thérèfe de Clermont-Tonnerre de Luxembourg, héritiere de la maifon de Luxembourg, l'une des plus grandes de l'Europe. Il ajouta à fon nom & à fes armes, les noms & armes de Luxembourg: on verra à la fin de cet ouvrage la postérité de ce grand homme.

Branche des Seigneurs de Wastines, Comtes d'Esterre, Princes de Robeque & de Morbeque, Grands d'Espagne.

XVII. OGIER de Montmorenci, baron de Wastines, de Bersée, de Vandegies, de Soutaing, l'auteur de cette branche dont l'éclat a égalé celle des branches les plus illustres de la maison de Montmorenci, étoit second fils de Louis de Montmorenci & de Marguerite de Wastines. Il s'établit dans les Pays-Bas, où il épousa le 6 Avril 1486, Anne de Vandegies, héritiere d'une maison très-noble & très-ancienne : il mourut le 14 Septembre 1523. Il eut pour enfants :

1°, JEAN qui suit.

2°, ROLAND, mort sans avoir été marié.

3°, FRANÇOIS, mort sans avoir été marié.

4°, MARGUERITE de Montmorenci, épouse d'Adrien, seigneur de Vaudricourt.

5°, Louise, morte jeune.

6°, Jeanne, Religieuse en l'abbaye de Ghillinghiem.

Ogier de Montmorenci eut aussi pour enfants naturels :

Jean de Montmorenci, seigneur du Chastelet, marié à Marguerite de Vassenaër.

Jeanne, épouse de Louis de Cordes, seigneur de la Chapelle.

XVIII. Jean de Montmorenci, baron de Wastines, seigneur de Bersée, de Barly, de Vandegies, de Beuvry, de la Boche, premier échanson du roi d'Espagne, naquit l'an 1488. Il épousa Anne de Blois, fille de Louis de Blois, seigneur de Trélon, & de Jeanne de Ligne; il mourut l'an 1538; il avoit pris pour devise: *Trop sommes de Montmorenci*. Il eut pour enfants :

1°, François qui suit.

2°, Jeanne de Montmorenci, épouse d'Antoine de Montigny, seigneur de Noyelles, gouverneur de Bouchain.

3°, Anne de Montmorenci, alliée à Nicolas de la Haulle, seigneur de Grémauville.

4, Marie de Montmorenci, Religieuse.

5°, Michelle de Montmorenci, épouse de Jacques de Beaudain, seigneur de Mauville.

XIX. François de Montmorenci, baron de Wastines, seigneur de Bersée, de Vandegies, de Beuvry, &c, gouverneur de Lille, Douai & Orchies, épousa, 1°, Hélene Vilain, fille d'Adrian Vilain, seigneur de Rassenghien, vice-amiral des Pays-Bas, & de Marguerite de Stavele, dame d'Isenghien: 2°, Jacqueline de Recourt, fille de François, seigneur de Recourt, & de Barbe de S. Omer. François de Montmorenci, baron de Wastines, fut l'un des plus vertueux seigneurs de son temps. Il laissa pour enfants de sa premiere femme:

1°, Maximilien de Montmorenci, mort jeune.

2°, Louis de Montmorenci, seigneur de Beuvry, qui continua la postérité.

3°, Nicolas de Montmorenci, seigneur de Vandegies, comte d'Esterre, conseiller d'Etat, chef du conseil des Finances des Pays-Bas, également recommandable par son intégrité, ses vertus & ses lumieres; il épousa Anne de Croy, fille de Jacques de Croy, seigneur de Saimpy, chevalier de la Toison d'or, & d'Anne de Hornes. Il mourut à Gand le 16 Mai 1617, sans enfants; ses biens passerent à ses neveux enfants de Louis de Montmorenci, seigneur de Beuvry.

4°, JEAN de Montmorenci seigneur de Hellem, gouverneur de Steimbergues, mort Chartreux.

5°, PHILIPPE de Montmorenci, épouse d'Adrien de Gomiecourt, chevalier de l'ordre de S. Jacques, gouverneur de Maestrecht.

6°, ANNE, chanoinesse de Nivelle.

7° & 8°, MARIE & CHARLOTTE, mortes en bas âge.

XX. LOUIS de Montmorenci, seigneur de Bersée, colonel en second du régiment de son pere, se distingua par son courage. Il surprit en 1585, la ville d'Ostende; mais les siens l'ayant honteusement abandonné, il fut tué

& jetté à la mer : il étoit âgé de 31 ans. Il avoit épousé en 1572, Jeanne de S. Omer, fille de Jean de S. Omer, seigneur de Morbeque, vicomte d'Aire; cette famille descendoit des anciens châtelains de S. Omer, princes souverains de Tibériade ou de Tabarie, comtes de Fauquemberch : par cette alliance, tous les biens de la maison de S. Omer sont entrés dans la maison de Montmorenci. Il laissa de ce mariage :

1°, FRANÇOIS de Montmorenci, chanoine & haut-doyen de Liege, qui abandonna ses dignités & des biens immenses pour se faire Jésuite ; il fonda en faveur de la Société, un college dans la ville d'Aire, & un séminaire dans celle de Douai.

2°, ANTOINE de Montmorenci, abbé de Saint-André de Casteau en Cambraisis & de Saint-Etienne de Femy ; prélat aussi distingué par sa piété & son érudition que par sa haute naissance.

3°, FLORIS de Montmorenci, qui à l'exemple de ses deux aînés, méprisant la fortune & les dignités, se fit Jésuite :

il devint provincial de son Ordre, & assistant-général pour l'Allemagne. On a de lui plusieurs excellentes pieces de vers latins.

4°, JEAN de Montmorenci, prince de Robeque, qui suit.

5°, MARIE de Montmorenci, dame d'honneur de l'infante archiduchesse Claire-Eugénie-Isabelle d'Autriche, souveraine des Pays-Bas.

6°, HELENE de Montmorenci, d'abord chanoinesse de Nivelle, alliée ensuite à Richard de Merode, seigneur d'Oignies, gouverneur de Bapaumes.

XXI. JEAN de Montmorenci, créé prince de Robeque, comte d'Esterre & de Morbeque, vicomte d'Aire, baron de Wastines & d'Harverskerque, seigneur de Beuvry & de Bersée, gouverneur d'Aire, chevalier de la Toison d'or, signala son courage dans les guerres de Hongrie & des Pays-Bas. Il fut envoyé en 1630, ambassadeur extraordinaire à Madrid. Il épousa Magdeleine de Lens, fille de Gilles de Lens, baron des deux Aubignies, qui lui apporta de grands biens. Il mourut en 1631, laissant de ce mariage :

1°, Eugene de Montmorenci, qui suit.

2°, Helene de Montmorenci, épouse d'Engilbert d'Immersel, comte de Bouchove.

3°, Marie-Françoise, épouse de Jean de Tserclaës, comte de Tilly.

4°, Marie-Isabelle, alliée à Charles de Brandebourg, vicomte d'Uclais.

XXII. Eugene de Montmorenci, prince de Robeque, marquis de Morbeque, comte d'Esterre, chevalier de la Toison d'or, gouverneur-général de l'Artois, gouverneur-particulier de la ville de S. Omer, qu'il défendit contre Monsieur, mourut en 1683. Il avoit épousé Marguerite-Alexandrine de Ligne, fille de Philippe de Ligne, prince d'Aremberg, duc d'Arschot, & de Claire-Isabelle de Barlaymont, dont il eut :

1°, Philippe-Marie de Montmorenci, prince de Robeque, qui suit.

2°,

2°, Isabelle de Montmorenci, alliée à Philippe - Charles Spinola, comte de Brouay.

XXIII. Philippe-Marie de Montmorenci, prince de Robeque & de Morbeque, comte d'Esterre, vicomte d'Aire, &c. Ce Seigneur, devenu sujet de Louis XIV. par la conquête de l'Artois, servit son nouveau prince; il obtint un régiment, & mourut en 1691 à la fleur de son âge à Briançon en Dauphiné. Il avoit épousé Marie - Philippe de Croy, fille de Philippe - Emanuel de Croy, comte de Solre, & de Claire - Isabelle de Gand-Vilain-d'Isenghien. Il en eut :

1°, Charles de Montmorenci, prince de Robeque, marquis de Morbeque, comte d'Esterre, vicomte d'Aire, chevalier de la Toison d'or, lieutenant - général des armées de France & d'Espagne, créé Grand-d'Espagne de la premiere classe en 1713, colonel du régiment des Gardes-Valonnes. Il épousa le 12 Janvier 1714, en présence de leurs Majestés Catholiques, Isabelle-Alexandrine de

Tome I.   G

Croy-Solre, sa cousine-germaine, fille de Philippe-Emanuel-Ferdinand de Croy, comte de Solre, chevalier des ordres du Roi, lieutenant-général de ses armées, & de Marie-Françoise de Bournonville. Le prince de Robeque mourut en 1716 à la fleur de son âge: il avoit mérité par son courage, ses vertus, & ses services, l'estime & l'amitié de Philippe V.

2°, ANNE-AUGUSTE de Montmorenci, prince de Robeque, qui suit.

3°, ISABELLE-EUGENIE de Montmorenci, religieuse à la Ville-l'Evêque à Paris.

XXIV. ANNE-AUGUSTE de Montmorenci, prince de Robeque & de Morbeque, comte d'Esterre, chevalier de la Toison d'or, Grand-d'Espagne de la premiere classe, majordome major de la Reine d'Espagne, veuve de Louis I, lieutenant-général des armées du Roi, fut d'abord connu sous le nom de comte d'Esterre. Il servit en qualité de colonel du régiment de Normandie; il fut blessé au combat de Chiari; il contribua beaucoup à la conquête de Vérue, à celle de Lérida & à celle de Tortose. Ses services lui méritèrent en 1710 le grade de maréchal-de-camp ; il servit en cette qualité au siege de Gironne ; le 20 Janvier de la même année, il tailla en pieces un régiment Napolitain qui vouloit se jetter dans cette ville. Les services éclatants qu'il rendit dans le cours de la guerre, lui méritèrent le collier de la Toison d'or : devenu l'aîné de sa branche en 1716, il prit le titre de prince de Robeque ; le Roi le fit lieutenant-général de ses armées en 1720 ; en 1722, il épousa Catherine-Félicité du Bellay, fille de Charles, comte du Bellay, & de Catherine-Renée de Jaucourt-de-Villarnoul, Dame du palais de la Reine d'Espagne : elle est morte dans la dix-neuvieme année de son âge. Le prince de Robeque servit en 1734, à la conquête de Philipsbourg, en qualité de lieutenant-général : il mourut le 26 Octobre 1745. Il eut de son mariage :

1°. ANNE-LOUIS-ALEXANDRE de Montmorenci, prince de Robeque, qui suit.

2°, Louis-Anne-Alexandre de Montmorenci, marquis de Morbeque, maréchal des camps & armées du Roi, né le 25 Janvier 1729 : ce seigneur a le majorat & la grandesse des princes de Tserclaës-Tilly.

3°, Magdelaine - Françoise - Anne - Félicité, religieuse de la Ville-l'Evêque.

XXV. Anne-Louis-Alexandre de Montmorenci, prince de Robeque, comte d'Esterre, vicomte d'Aire, Grand-d'Espagne de la premiere classe, lieutenant-général des armées du Roi, est né le 11 Novembre 1724. Il a épousé, 1°, le 26 Février 1745, Anne-Maurice de Montmorenci-Luxembourg, fille de Charles-François de Montmorenci-Luxembourg, duc de Luxembourg & de Piney, pair & maréchal de France, & de Marie-Sophie-Emilie-Honorate Colbert de Seignelay; 2°, Emilie-Alexandrine de la Rochefoucault, fille aînée de Louis-Armand de la Rochefoucault, duc d'Estissac, chevalier des ordres du Roi, grand-maître de la garde-robe de Sa Majesté.

Branche des Ducs de Montmorenci, éteinte en 1632.

XVI. Guillaume, troisieme fils de Jean II, est l'auteur de cette branche la plus riche, la plus puissante, la plus féconde en grands hommes de la maison de Montmorenci. Il profita, comme on verra dans le cours de l'histoire, de la haine que Jean avoit conçue contre ses deux fils aînés, pour être revêtu de leurs dépouilles. L'exhérédation de Jean & de Louis lui valut la baronnie de Montmorenci, dont les dépendances étoient immenses (a), Ecouen, Conflans-Sainte-Honnorine: il eut du chef de sa mere Chantilly, Aufois, Chaverci, Montespilloir: il épousa en 1484 Anne Pot, fille de Gui Pot, comte de S. Pol, seigneur de Château-Neuf, de Thoré, de la Roche-de-Nolay, premier Chambellan de France, & de Marie de Villiers-l'Isle-Adam: cette

(a) Il y avoit plus de six cents Fiefs qui en relevoient.

Dame lui apporta des biens immenses; bientôt après Louis XII qui l'estimoit beaucoup, lui donna le gouvernement général de l'Orléanois, celui de Saint-Germain-en-Laye & de la Bastille. François I, à son avénement au trône, l'honora du collier de l'ordre de S. Michel ; il le nomma chevalier d'honneur de Madame la duchesse d'Angoulême sa mere ; il le pourvut aussi du gouvernement de Vincennes, & du château de Beauté-sur-Marne. Guillaume mourut le 24 Mai 1531, comblé de biens, d'honneurs & d'années ; il avoit près de 80 ans. Il eut d'Anne Pot son épouse.

1°, JEAN de Montmorenci, seigneur d'Ecouen, qui épousa en 1510 Anne de Boulogne, Dame de Montgascon, veuve de Charles de Bourbon, comte de Roussillon, amiral de France : il mourut en 1516. Sa veuve se remaria à François de la Tour, vicomte de Turenne, seigneur d'Oliergues.

2°, ANNE de Montmorenci, qui continua la postérité.

3°, François de Montmorenci, baron de la Rochepot, seigneur de la Roche-Nolay, de Château-Neuf, de S. Romain, de Murfaut, de Givry, de Villers, de Néelle, de Thoré, d'Offemont, de Merlou, d'Ancre, de Bray-sur-Somme, & chevalier de l'ordre de S. Michel, capitaine de cent hommes d'armes, gouverneur & lieutenant-général de Paris & de l'Isle de France, lieutenant-général du gouvernement de Picardie. Il rendit des services signalés aux rois François I & Henri II : il mourut en 1551, sans laisser d'enfants de Charlotte d'Humieres son épouse, fille de Jean d'Humieres, chevalier de l'ordre de S. Michel, & gouverneur de Péronne, de Montdidier & de Roye.

4°, Philippe de Montmorenci, évêque de Limoges, mort âgé de 22 ans.

5°, Louise de Montmorenci, Dame d'honneur de la Reine Anne de Bretagne : cette Dame épousa, 1°, Ferry de Mailly, baron de Conty, dont elle eut Madeleine de Mailly, épouse de Charles, seigneur de Roye, de Germigny : de ce mariage vinrent Eléonore de Roye, épouse de Louis de Bourbon, prince de Condé, & Charlotte de Roye, épouse de François III, comte de la Rochefoucault. Louise de Montmorenci épousa en secondes noces Gaspard de Coligny, seigneur de Châtillon, maréchal de France : elle fut mere du cardinal de Châtillon, de l'amiral de Coligny, & de M. d'Andelot, colonel-général de l'infanterie Françoise : la maréchale de Châtillon mourut en 1547.

6°, ANNE de Montmorenci, épouse de Gui XVI, comte de Laval, gouverneur de Bretagne. Gui étoit veuf de Charlotte d'Arragon, fille de Frédéric, roi de Naples.

7°, MARIE de Montmorenci, abbesse de Maubuisson.

XVII. ANNE de Montmorenci, duc, pair, maréchal, grand-maître, connétable, & premier baron de France, chevalier de S. Michel & de la Jarretiere, capitaine de cent hommes d'armes des ordonnances du Roi, gouverneur de Languedoc, comte de

Beaumont & de Dammartin, seigneur de plus de 80 terres, épousa Madeleine de Savoie, fille de René légitimé de Savoie, surnommé le Grand, comte de Tende & de Villars, grand-maître de France, gouverneur de Provence, & d'Anne de Lascaris, issue de la maison de Lascaris qui a donné plusieurs Empereurs de Constantinople. Madame la connétable fut Dame d'honneur de la reine Elisabeth d'Autriche, épouse du roi Charles IX : elle mourut en 1586, âgée de 76 ans : le Connétable étoit mort le 12 Décembre 1567, des blessures qu'il avoit reçues à la bataille de S. Denis. Il laissa de ce mariage :

1°, FRANÇOIS de Montmorenci, duc, pair, premier baron, grand-maître & maréchal de France, chevalier des ordres de S. Michel & de la Jarretiere, gouverneur & lieutenant-général de Paris & de l'Isle de France, capitaine de cent hommes d'armes des ordonnances du Roi, comte de Beaumont, de Dammartin, seigneur d'Ecouen, de Chantilly, de l'Isle-Adam, &c. Il époufa en 1556 Diane légitimée de France : il mourut le 6 Mai 1579, à l'âge de 49 ans, fans laiffer d'enfants.

2°, HENRI de Montmorenci I du nom, connétable de France, qui continua la poftérité.

3°, CHARLES de Montmorenci, duc d'Amville, pair & amiral de France, chevalier des ordres du Roi, colonel-général des Suiffes & Grifons, gouverneur de Vincennes & de Beauté, vicomte de Melun & de Montreuil, feigneur de Château-Neuf, de Néelle, &c. Il époufa Renée de Coffé, fille aînée & principale héritiere d'Artus de Coffé, comte de Secondigny, maréchal de France, gouverneur de l'Orléanois, de la Touraine & du Maine, chevalier des ordres du Roi, & furintendant des Finances; mais il n'en eut point d'enfants.

4°, GABRIEL de Montmorenci, feigneur de Montberon, capitaine de 50 hommes d'armes, tué à la journée de Dreux.

5°, GUILLAUME de Montmorenci, seigneur de Thoré, de Dangu, de Montberon, de Savoify, de Gandelu, de Macy, colonel-général de la cavalerie d'au-delà des Monts, chevalier de S. Michel, capitaine de 50 hommes d'armes, conseiller d'Etat. Il épousa, 1°, Léonor d'Humieres, fille unique de Jean, seigneur d'Humieres, chevalier de l'ordre de S. Michel; 2°, en 1581, Anne de Lalain, fille d'Antoine de Lalain, comte d'Hoochstrate, chevalier de la Toison d'or, & de Léonor de Montmorenci, héritiere d'Hornes, de Montigny, de Vimes. Anne de Lalain apporta à son époux les terres de Montigny, de Vimes, d'Hachet-le-Grand, de Liencourt & de Bellencourt: il n'eut de ce mariage qu'une fille unique, appellée Magdeleine de Montmorenci: elle épousa Henri, duc de Luxembourg & de Piney, pair de France, prince de Tingri, comte de Brienne, de Ligny & de Rosnay, souverain d'Aigremont. De ce mariage sont venues deux filles; l'aînée épousa 1°, Leon d'Albert, frere du connétable de

Luines ; 2°, Henri de Clermont-Tonnerre : de ce second mariage est issue Magdeleine - Charlotte - Bonne-Thérèse de Clermont - Tonnerre de Luxembourg, aïeule de M. le maréchal de Luxembourg, de M. le duc de Boutteville, & de M. le prince de Tingri : M. de Thoré mourut en 1592.

6°, LÉONOR de Montmorenci, épouse de François de la Tour, vicomte de Turenne, tué à la bataille de S. Quentin ; c'est l'aïeule du grand Turenne.

7°, JEANNE de Montmorenci, épouse de Louis, duc de la Trémoille, prince de Talmont : elle eut de ce mariage Claude, duc de la Trémoille, & Charlotte - Catherine de la Trémoille, princesse de Condé.

8°, CATHERINE de Montmorenci, épouse de Gilbert de Lévis, duc de Ventadour, pair de France.

9°, MARIE de Montmorenci, épouse de Henri de Foix, comte de Candale.

10°, ANNE de Montmorenci, abbesse de la Trinité de Caen.

11°, LOUISE de Montmorenci, abbesse de Gersy.

12°, MAGDELEINE de Montmorenci, abbesse de la Trinité de Caen après sa sœur.

XVIII. HENRI I du nom, duc de Montmorenci, premier baron, pair, amiral, maréchal & connétable de France, chevalier des ordres du Roi, capitaine de cent hommes d'armes de ses ordonnances, gouverneur de Languedoc, comte de Dammartin, de Beaumont & d'Alet, seigneur d'Ecouen, de l'Isle-Adam, de Chantilly, &c. Il épousa 1°, Antoinette de la Mark, fille de Robert de la Mark, duc de Bouillon, prince de Sédan, maréchal de France, & de Françoise de Brézé; 2°, Louise de Budos, fille de Jacques de Budos, vicomte de Portes, chevalier des ordres du Roi, d'une des plus anciennes maisons de Guienne, & de Catherine de Clermont de la plus illustre maison du Dauphiné : cette Dame passoit pour la plus belle femme de son temps; 3°, en 1601, Laurence de Clermont-Montoison, tante de la précédente ; elle étoit fille de Claude de Clermont, baron de Montoison, & de Louise de Rouvroi-de-Saint-Simon : le connétable Henri de Montmorenci mourut le 1 Avril 1614. Il eut de sa premiere femme :

1°, HERCULE de Montmorenci, comte d'Offémont, gouverneur en survivance du gouvernement de Languedoc ; il fit ses premieres armes en Provence au siege de Graveson : il mourut en 1591 sans avoir été marié.

2°, CHARLOTTE de Montmorenci, épouse de Charles de Valois, légitimé de France, comte d'Auvergne, & de Ponthieu, duc d'Angoulême, chevalier des ordres du Roi, colonel-général de la cavalerie légere.

3°, MARGUERITE de Montmorenci, épouse d'Anne de Lévis, duc de Ventadour, pair de France, gouverneur d'Auvergne, fils de Gilbert de Lévis, duc de Ventadour, & de Catherine de Montmorenci.

De LOUISE de Budos sa seconde femme, le connétable eut :

1°, HENRI II, duc de Montmorenci, qui suit.

2°, CHARLOTTE de Montmorenci, épouse de Henri de Bourbon II du nom, prince de Condé, premier prince du Sang: elle en a eu le grand Condé, M. le prince de Conti, & Madame la duchesse de Longueville.

Le connétable eut aussi pour enfants naturels Splendian, seigneur du Hallier; Annibal-Jules, chevalier de Malthe, tué à la bataille de Leucate contre les Espagnols; Henri; Marie alliée à Jean de Faie, marquis de Péraut.

XIX. HENRI II du nom, duc de Montmorenci & d'Amville, pair, premier baron, amiral & maréchal de France, chevalier des ordres du Roi, capitaine de cent hommes d'armes des ordonnances de Sa Majesté, gouverneur de Languedoc, comte de Dammartin, seigneur d'Ecouen, de Chantilly, de Préaux, &c, naquit l'an 1595; il épousa en 1615 la princesse Marie-Félice des Ursins d'une des plus anciennes & des plus illustres maisons de l'Europe; il mourut en 1632 sans postérité: en sa personne s'éteignit la postérité mâle de Guillaume de Montmorenci.

Seigneurs de Croisilles, Courieres, Princes de Montmorenci, la quatrieme branche de la Maison actuellement existante.

XV. PHILIPPE de Montmorenci, seigneur de Croisilles, de Courieres, de Vancourt, de Gavenier de Douai, conseiller & chambellan de Philippe le Bon, duc de Bourgogne, étoit second fils de Jacques, baron de Montmorenci, conseiller & chambellan du Roi Charles VI, & de Philippe de Melun. Il alla s'établir dans les Pays-Bas où il possédoit de grands biens du chef de sa mere; il rendit de grands services aux ducs de Bourgogne dont il étoit le vassal : il épousa, 1°, Marguerite de Bours, fille unique & héritiere de Guillaume de Bours, chevalier, seigneur de Bours, & de Catherine de Pouques ; 2°, Gertrude de Rimerswalle, fille de Nicolas, chevalier, seigneur de Lodick, & de Gertrude de Gavre; 3°, Antoinette d'Inchy d'Inchy, fille de Beaujois, seigneur d'Inchy, châtelain de Douai. Il eut de sa premiere femme :

1°, MARC de Montmorenci, seigneur de Croisilles, qui suit.

2°, HUGUES de Montmorenci, seigneur de Bours, de Courieres, &c. Il épousa Marguerite d'Ongnies, fille de Baudouin d'Ongnies, seigneur d'Etrées, gouverneur de Lille, & d'Isabeau d'Halluin. Hugues de Montmorenci est auteur d'une branche connue sous le nom de *Montmorenci-Bours*. Cette branche vient de s'éteindre en la personne de Joseph-Alexandre de Montmorenci, appellé *le comte de Montmorenci le Polonois*, maréchal des camps & armées du Roi. Il avoit épousé la comtesse de Pöciei, veuve du grand Général de Pologne, qui vit encore. Cette branche a aussi produit un chevalier de la Toison d'or en la personne de Jean de Montmorenci, seigneur de Courieres, d'Ourge, de Mesnil-sur-Rielle, de Quesnoi, gouverneur de Lille, de Douai & d'Orchies, grand-baillif d'Alost, capitaine de la Mothe-aux-

Bois, capitaine des Archers de la garde de Charles-Quint; un grand Aumônier de l'Empereur Charles-Quint en la personne de François de Montmorenci, frere du précédent.

XVI. MARC de Montmorenci, seigneur de Croisilles, de Wancourt, de Molimont, épousa Marie de Halluin, fille unique & héritiere de Gauthier, seigneur de Halluin : il mourut en 1499, laissant pour enfants:

1°, ANTOINE de Montmorenci, qui suit.

2°, MARIE de Montmorenci, morte jeune.

3°, MARGUERITE de Montmorenci, épouse de Jean de Sars, chevalier, seigneur de Fosseteau & de Tanyers.

XVII. ANTOINE de Montmorenci, seigneur de Croisilles, de Wancourt, de S. Legier, de Guemappe, de Molimont, d'Amongies, de Russignies, de la Chapelle, de Coquelare, &c, épousa, 1°, Françoise de Lanoy, fille & héritiere de Baudouin de Lanoy, seigneur de Molembaix, de Solre, chevalier de l'ordre de la Toison d'or, grand-maître de la maison de l'Archiduc Maximilien depuis Empereur, gouverneur de Lille & de Douai, & de Michelle d'Esne, Dame de Couroye & de Beauvoir; 2°, Jeanne de Beaufort, fille de Jean, seigneur de Beaufort, & de Marie de Lannoy. Antoine de Montmorenci mourut en 1533, laissant de Françoise de Lannoy sa premiere femme, pour fils unique,

BAUDOUIN de Montmorenci, seigneur de Croisilles, qui suit.

XVIII. BEAUDOUIN de Montmorenci, seigneur de Croisilles, de Wancourt, de S. Legier, de Molimont, de la Chapelle, de Launaix, de Lannon, de Guignies, de Neuville-Wistace, de Mercatel, d'Hubermont, épousa, 1°, Isabeau de Stavelle, fille de George de Stavelle, baron de Chaumont, & de Jeanne de Ligne; 2°, Catherine de Rubempré, fille de Charles de Rubempré, seigneur de Bievres, & de Jeanne de Bousies. Baudouin de Montmorenci mourut l'an 1567 : d'Isabeau de Sta-

H ij

velle sa premiere femme, il eut :

1°, GEORGE de Montmorenci, qui suit.

2°, FRANÇOISE de Montmorenci, épouse de Jacques de Joigni, seigneur de Pamele.

3°, JEANNE de Montmorenci, alliée à Gabriel de Jauffe, comte de Lierde.

4°, ANNE de Montmorenci, chanoinesse de Nivelle.

5°, LOUISE de Montmorenci, religieuse.

6°, MARGUERITE de Montmorenci, religieuse.

De Catherine de Rubempré sa seconde femme, il eut :

1°, CHARLES de Montmorenci, seigneur de Neuville-Wistace, qui suit.

2°, JACQUES de Montmorenci, chanoine de Tournai.

3°, BAUDOUIN de Montmorenci, seigneur de Hubermont, de Launaix, de Lannon, de Guignies, &c, épousa Marguerite d'Ongnies, Dame d'Ongnies & de Middelbourg, vicomtesse d'Ypres, &c. Elle étoit fille unique de Philippe, seigneur d'Ongnies, & de Marguerite de Hame, vicomtesse d'Ypres : il en eut deux enfants morts sans avoir été mariés.

4°, JACQUELINE de Montmorenci, alliée à Ferdinand de la Barre, seigneur de Moukron.

5°, ANNE de Montmorenci, chanoinesse de Mons, & ensuite épouse de François Schoutette, seigneur d'Erpe, &c.

XIX. GEORGE de Montmorenci, baron de Croisilles & de Chaumont, seigneur de Glajon, &c, grand-baillif des villes & pays de Bruges, grand-veneur & grand-forestier du comté de Flandre, épousa, 1°, Françoise de Jausse, fille de Gabriel, seigneur de Masting, comte de Lierde; 2°, Isabeau de Renesse, fille de Jean de Renesse, seigneur de Mal, & d'Isabeau de Nassaw; 3°, Louise de Cruninghe, dame de Steinkerque, fille de Jean, seigneur de Cruninghe, vicomte de Zélande, chevalier de la Toison d'or, & de Jacqueline de Bourgogne. George de Montmorenci mourut en 1615, laissant de sa premiere femme

Philippe de Montmorenci, seigneur de Wancourt, mort à Barcelonne sans avoir été marié ; Jeanne de Montmorenci, épouse de Philippe de Mérode, comte de Middelbourg, vicomte d'Ypres, auquel elle porta des biens immenses : c'est en mémoire de cette alliance que les seigneurs de Mérode, dont sont issus MM. le maréchal d'Isenghien & le comte de Middelbourg, ont ajouté à leur nom celui de Montmorenci. Par la mort de Philippe de Montmorenci, seigneur de Wancourt, son oncle Charles de Montmorenci, seigneur de Neuville-Wistace, devint l'aîné de sa branche.

XIX. CHARLES de Montmorenci, seigneur de Neuville-Wistace, de Mercatel, d'Amongies, de Russignies, &c, épousa Jeanne le Blanc, fille unique & héritiere de Guillaume le Blanc, seigneur de Gouchim, & de Jeanne de la Mothe, dame de Beaufart : il mourut à Douai le 29 Juin 1605, laissant :

1°, Guillaume de Montmorenci, seigneur de Neuville, qui suit.

2°, CATHERINE de Montmorenci, épouse de Robert de Maldeghem, seigneur de Grimarès.

3°, JACQUELINE de Montmorenci, épouse de Pontus de Divion, baron de Baenghien.

XX. GUILLAUME de Montmorenci, seigneur de Neuville, Mercatel, Amongies, Russignies, né le 26 Juin 1575, épousa le 17 Février 1602, Marie de Montjoie, vicomtesse de Roullers, fille d'Adrien de Montjoie, vicomte de Roullers, & de Marie de Quarrouble, dont il eut :

1°, GEORGE de Montmorenci, seigneur de Neuville, tué au siege d'Arras en 1640, sans avoir été marié.

2°, ADRIAN, vicomte de Roullers, mort sans postérité.

3°, CLAUDE-LOUIS, mort sans avoir été marié.

4°, JEAN-BAPTISTE, seigneur de Launaix, tué en duel en 1640.

5°, GUILLAUME-FRANÇOIS, qui suit.

6°, Marguerite-Jeanne, mariée à Antoine de Maules, seigneur de Mauroy.

7°, Ursule-Amelberge, mariée à Charles Divion, seigneur de Baenghien.

8°, Marie, abbesse d'Avesnes.

9°, Jacqueline-Claire, mariée, 1°, à François de Tournay, seigneur de Méricourt ; 2°, à Jean, comte de Gaesbech.

10°, N... mariée à N... de Stainville, seigneur de Couvonges, gouverneur de Casal.

11°, Anne-Marie, alliée à Antoine-Maximilien Baudouin, baron de Burgnonville.

XXI. Guillaume-François de Montmorenci, vicomte de Roullers, seigneur de Neuville-Wistace, épousa Claire-Eugénie de Hornes, fille de Philippe, comte de Hornes-Haverskercke, & de Dorothée de Ligne-Aremberg, dont il eut :

1°, Guillaume-François, mort jeune.

2°, Philippe-François, prince de Montmorenci, qui suit.

3°,

3°, MARC de Montmorenci, appellé *le Chevalier de Montmorenci*, lieutenant-général des armées du Roi.

4°, CLAUDE-ALBERTINE-ROSALIE de Montmorenci, fille d'honneur de Madame la Dauphine, morte en 1690.

5°, MARIE-THERESE de Montmorenci, chanoineffe de Remiremont, qui enfuite époufa Claude-Edme de Dreux, comte de Nancré, feigneur de Carency, colonel de cavalerie.

6°, HONORINE de Montmorenci, chanoineffe de Mons.

XXII. PHILIPPE-FRANÇOIS, prince de Montmorenci, vicomte de Roullers, colonel du régiment de Condé, mourut en 1704, âgé de 35 ans. Il avoit époufé Charlotte-Louife de Saveufe, iffue d'une des plus anciennes maifons de Picardie, fille de François de Saveufe, feigneur de Coyfy & de Françoife d'Eftourmel, dont il eut :

1°, LOUIS-FRANÇOIS, prince de Montmorenci, qui fuit.

2°, PHILIPPE-FRANÇOIS de Montmorenci, marquis de Nancré &

de Carency, lieutenant-général des armées du Roi, appellé *le Chevalier de Montmorenci*.

XXIII. Louis-François, prince de Montmorenci, comte de Logny, vicomte de Roullers, seigneur de Neuville, de Wistace, colonel de cavalerie, épousa à Gand, en 1729, Marie-Thérese de Rim, baronne de Belhem; il mourut en 1736 à la fleur de son âge. Il laissa de ce mariage :

1°, Louis-Ernest-Gabriel, prince de Montmorenci, qui suit.

2°, Louis-François-Joseph de Montmorenci, appellé *le Comte de Montmorenci*, colonel du régiment de Touraine, brigadier des armées du Roi.

3°, Marie-Anne-Philippine-Therese de Montmorenci, veuve de Charles-Joseph-Marie de Boufflers, duc & pair de France, gouverneur de Flandre, noble Génois, mort le 4 Septembre 1748; Madame la duchesse de Boufflers est dame du Palais de la Reine : elle a eu de son mariage Amélie de Boufflers, née le 5 Mai 1751.

4°, Caroline-Françoise-Philippine de Montmorenci, alliée à Adrien-Louis de Guines de Melun, comte de Souaftre.

5°, Philippine-Auguste de Montmorenci, mariée à Charles-François, comte de Broglie, chevalier des Ordres du Roi, lieutenant-général des armées de Sa Majefté, ci-devant Ambaffadeur extraordinaire auprès du Roi de Pologne, électeur de Saxe.

XXIV. Louis-Ernest-Gabriel, prince de Montmorenci, vicomte de Roullers, feigneur de Neuville, de Wiftace, général-major au fervice de l'Impératrice Reine, a époufé N.... de Vaffenaër en Hollande.

Branche de Montmorenci-Laval.

Gui de Montmorenci, fils de Matthieu II de Montmorenci, furnommé *le grand*, connétable de France, & d'Emme, héritiere de Laval, prit le nom de Laval, en confervant toutefois les armes de Montmorenci, qu'il brifa de cinq coquilles d'argent fur la croix comme puîné : fa poftérité brilla avec autant d'éclat que celle de fes aînés.

IX. GUI VII du nom, feigneur de Laval, d'Acquigny, d'Attichi-fur-Aifne, d'Herouville, &c, époufa, 1°, Philippe de Vitré, fille unique d'André, feigneur de Vitré, de Chatillon-en-Vandelais, & de Catherine de Bretagne, fœur d'Alix, ducheffe de Bretagne, qui porta le duché à Pierre de Dreux, prince du fang : au défaut de la poftérité d'Alix, le duché auroit paffé à celle de Catherine de Bretagne. 2°, Thomaffe de Mathefelon, veuve d'André de Vitré fon beau-pere. Gui VII fut un des plus braves feigneurs de fon temps ; il fit le voyage de la Terre-Sainte ; il contribua, à la tête d'un grand nombre de chevaliers fes vaffaux, à la conquête de Naples & de Sicile : il mourut en 1267. Il laiffa de Philippe de Vitré :

1°, GUI VIII, feigneur de Laval, qui fuit.

2°, CATHERINE de Laval, époufe d'Hervé, vicomte de Léon.

3°, EMMETTE de Laval, morte fille.

De Thomasse de Mathefelon sa seconde femme, Gui VII eut:

1°, MATTHIEU de Laval, mort jeune.

2°, GUI de Laval, évêque de Cornouaille, & ensuite du Mans.

3°, GUILLAUME de Laval, mort sans postérité.

X. GUI VIII, seigneur de Laval, de Vitré, de Châtillon-en-Vandelais, d'Acquigny, d'Aubigné, de Loué, d'Olivet, comte de Caserte au royaume de Naples, épousa 1°, Isabeau de Beaumont, fille unique & héritiere de Guillaume de Beaumont, comte de Caserte, seigneur de Pacy-sur-Marne; 2°, Jeanne de Brienne, petite-fille de Jean de Brienne, roi de Jérusalem, & de Berengere de Castille. Jeanne avoit pour tantes Isabeau de Brienne, reine de Jérusalem, épouse de Frédéric II, empereur d'Allemagne; Marie de Brienne, épouse de Baudouin de Courtenai, empereur de Constantinople. Les sœurs de Jeanne de Brienne, dame de Laval, épouserent l'une Bohemond, prince d'Antioche ; l'autre Henri, seigneur d'Avaugour. Gui VIII accompagna S. Louis dans son expédition de Tunis ; il servit Philippe III contre le comte de Foix ; il mena à ses dépens un corps considérable de troupes à Charles, roi de Sicile ; il suivit en 1294, à la tête d'un grand nombre de chevaliers, Charles de France, comte de Valois, dans son expédition de Gascogne. Il tomba malade au siege de S. Sever, & mourut à l'Isle-Jourdain en 1295, laissant d'Isabeau de Beaumont, comtesse de Caserte sa premiere femme.

1°, GUI de Laval IX du nom, qui suit.

2°, GUILLAUME de Laval, seigneur de Pacy, mort sans postérité.

De Jeanne de Brienne, dame de Loué, il eut :

1°, ANDRÉ de Laval, seigneur de Châtillon-en-Vandelais, de Courbeville, de Montseur, de Mellay, auteur de la branche des Laval, Loué, Lezay, aujourd'hui ducs de Laval, dont on parlera bientôt.

2°, Gui de Laval, seigneur d'Olivet, mort sans postérité.

3°, Louis de Laval, seigneur d'Aubigné, mort sans postérité.

4°, Thibaud de Laval, seigneur de Loué, tué à la bataille de Poitiers en 1356.

5°, Matthieu de Laval, mort sans enfants.

6°, Philippe de Laval, dame de Princé, épouse de Guillaume le Voier, seigneur de Paulmy, d'où sont venus MM. de Paulmy d'Argenson.

7°, Agnès, religieuse.

8°, Catherine, religieuse.

XI. Gui IX, seigneur de Laval, de Vitré, d'Acquigny, comte de Caserte, ne fut ni moins brave, ni moins puissant que ses peres : il contribua au gain de la bataille de Mons-en-Puelle : il suivit Philippe le Bel dans toutes ses expéditions. Il épousa Béatrix de Gaure, fille aînée de Rase, seigneur de Gaure. La sœur puînée de cette Béatrix, épousa Robert, seigneur de Fiennes, connétable de France. Il mourut en 1323. Il eut de son épouse

Béatrix, dame de Gaure :

1°, GUI X, qui fuit.

2°, PIERRE, évêque de Rennes.

3°, RASE de Laval, feigneur de Morhem : il époufa l'héritiere de Fauquemberghe ; mais il n'en eut point d'enfants.

4°, JEAN de Laval, feigneur de Pacy, auteur d'une branche éteinte en 1387, après avoir eu des alliances avec les maifons de Chemillé, de le Bigot, de Montauban & de Villiers-du-Hommet, dont les chefs étoient connétables héréditaires de Normandie.

5°, FOUQUES de Laval, feigneur de Chaloiau, tige de la branche de Rais, éteinte en 1474 après avoir donné un Maréchal de France ; cette branche a poffedé les terres de Chaloiau en Bourgogne, de Blafon, de Chemillé, le pays de Rets, le Benafte, le Couftumier, Bourneuf, l'Ifle de Boüin, Ingrande, Chantocé, Poufanges, Chabanois, Confolant, la Sufe, &c. Elle a eu des alliances avec les maifons de Chabot, de Huffon, de Craon, de Thouars, de Champagne, de Coetivy.

6°, ISABEAU de Laval, épouse de Jean, seigneur de Loheac, & de la Roche-Bernard.

7°, CATHERINE de Laval, épouse de Gérard Chabot IV du nom, seigneur de Rets.

8°, JEANNE de Laval, abbesse de S. George de Rennes.

XII. GUI X, seigneur de Laval, de Vitré, de Gaure, d'Acquigny, comte de Caserte, épousa Béatrix de Bretagne, seconde fille d'Artus, duc de Bretagne, & d'Yolande de Dreux, comtesse de Montfort. Il accompagna Jean III, duc de Bretagne son beaufrere, dans toutes ses expéditions : après la mort de ce prince, lui & toute sa maison embrasserent le parti de Charles de Blois contre Jean de Montfort : il fut tué à la bataille de la Roche-de-Rien en 1347. Béatrix de Bretagne son épouse lui survécut 37 ans, n'étant morte qu'au mois de Juin 1384. Gui X eut de cette princesse :

1°, GUI XI, seigneur de Laval, de Vitré, de Gaure, d'Acquigny, comte de Caserte; il épousa Isabeau de Craon, fille & héritiere de

Maurice, seigneur de Craon, & de Marguerite de Mello. Gui XI combattit pour les intérêts de Charles de Blois avec la même valeur que son pere : il fut fait prisonnier à la bataille de la Roche-de-Rien : à peine avoit-il payé une rançon énorme, qu'il mourut sans postérité en 1348.

2°, Gui XII, qui continua la postérité.

3°, Catherine de Laval, épouse du connétable de Clisson. Clisson en mémoire d'une si grande alliance, porta ses armes écartelées de Laval & de Clisson. Clisson n'eut que deux filles de Catherine de Laval: l'aînée épousa Alain VIII, vicomte de Rohan ; la seconde fut alliée à Jean de Bretagne, fils aîné de Charles de Blois, duc de Bretagne.

XIII. Gui XII, seigneur de Laval, de Vitré & de Gaure, gouverneur de Bretagne, fut un des plus grands hommes de son siecle : c'est à lui que la Bretagne dut la paix. Après la mort de Charles de Blois, tué à la bataille d'Aulroi, Jean de Bretagne, comte de Montfort, fut reconnu en qualité de légitime Souverain. Bientôt après Charles V, roi de France, voulut le dépouiller de ses Etats; il avoit eu recours à l'artifice, pour soulever contre lui les barons de Bretagne; mais Gui XII, fidele à son serment, fit échouer les tentatives du Roi, qui enfin ayant honte de son injustice, cherchoit à la réparer lorsqu'il mourut. La probité la plus incorruptible, la valeur la plus brillante, les mœurs les plus pures, caractérisent Gui XII : il épousa, 1°, Louise de Château-Briant, sœur & héritiere de Geoffroi VIII, seigneur de Château-Briant, de Candé, de Chalain, de Chanseaux; il se remaria ensuite à Jeanne de Laval sa proche parente, veuve du connétable du Guesclin. Cette Dame, fille de Jean de Laval, seigneur de Châtillon, lui apporta des biens immenses : il en eut, 1°, Gui de Laval, seigneur de Gaure : ce jeune seigneur déja fiancé à Catherine d'Alençon, princesse du Sang, fille de Pierre, comte d'Alençon, & de Marie, vicomtesse de Beaumont, jouant à la paulme dans les rues de Laval, tomba à la renverse dans un puits découvert : sa chûte lui coûta la vie. Gui XII fut long-temps inconsolable d'une si grande perte ; il ne lui restoit de son mariage qu'une fille appellée *Anne de Laval* ; il se détermina à la marier en 1404, à Jean de Montfort, seigneur de Kergolay, fils aîné de Raoul VIII, sire de Montfort, de Gaël, de Loheac, de la Roche-Bernard, & de Jeanne, dame de Kergolay, à condition que ledit Jean de Montfort laisseroit son nom, cri & armes, pour prendre à l'avenir, le nom, cri, armes de Montmorenci-Laval, sans y rien ajouter ni diminuer. Jean de Montfort se soumit d'autant plus volontiers à cette condition, qu'il avouoit être pénétré de l'honneur que Gui XII lui faisoit en lui donnant sa fille en mariage.

Jean de Montfort jura sur le corps de Notre Seigneur & les saints Evangiles d'accomplir tout ce qui étoit stipulé dans le traité, consentant à passer pour parjure, infâme, privé & dégradé de tout honneur & noblesse, s'il venoit jamais à les enfreindre ; permis aux branches collatéralles de Montmorenci-Laval de le pourfuivre lui & fes defcendants *in infinitum*, s'ils quittoient le nom, cri & armes de Laval; que celui qui fe rendroit coupable de cette faute, payeroit cent mille livres à celui des Montmorenci-Laval qui voudroit le pourfuivre; qu'en outre, il feroit obligé de lui abandonner la troifieme partie de fes biens; qu'au défaut d'un Montmorenci-Laval, le tiers de ces biens appartiendroit au roi de Sicile, duc d'Anjou, & au duc de Bretagne ou à leurs fucceffeurs.

Gui XII ne furvécut que huit ans à ce mariage: il mourut le 24 Avril 1412, laiffant pour fille unique,

XIV. ANNE de Laval, dame de Laval, de Vitré, de Gaure, d'Acquigny, de Châtillon-en-Vandelais, d'Aubigné, de Tinteniac, de Becherel, de Romillé: elle époufa, comme on a vu, Jean de Montfort, qui prit le nom de Gui XIII. fire de Laval. Gui XIII mourut à Rhodes en 1415. Il laiffa de l'héritiere de Laval qui lui survécut près de 50 ans :

1°, GUI XIV, comte de Laval, qui suit.

2°, ANDRÉ de Laval, seigneur de Loheac, amiral & maréchal de France, chevalier de S. Michel, l'un des plus grands capitaines de son siecle. Il n'eut point d'enfants de Marie de Laval, dame de Rais.

3°, LOUIS de Laval, seigneur de Châtillon, gouverneur du Dauphiné, de Gênes, de Paris, de l'Isle-de-France, de Champagne & de Brie, chevalier de S. Michel, grand-maître, général réformateur des eaux & forêts de France, mort sans enfants.

4°, JEANNE de Laval, promise à Richard de Bretagne, comte d'Estampes, mariée par traité du 24 Août 1424, à Louis de Bourbon, comte de Vendôme, bisaïeul de Henri IV, à condition que si Jeanne de Laval devenoit l'héritiere de sa maison, le second des fils qu'elle auroit du comte de Vendôme, prendroit le nom & surnom de Laval, cri & pleines armes, qu'il écarteleroit de celles de France.

5°, Catherine de Laval, mariée à Gui de Chauvigni, vicomte de Brosse, seigneur de Châteauroux.

XV. Gui XIV, comte de Laval, sire de Vitré, de Gaure, d'Acquigny, de Tinteniac, de Montfort, de la Roche-Bernard, de Gaël, de Brecelian, de Plelen, gouverneur & lieutenant-général de Bretagne, épousa, 1°, Isabeau de Bretagne, fille puînée de Jean VI, duc de Bretagne, & de Jeanne de France, sœur de Charles VII (ª); Jean VI préféra le comte de Laval à Louis III, roi de Sicile & duc d'Anjou, auquel il avoit promis Isabeau. Gui XIV obtint en 1429 l'érection de la haute baronnie de Laval en comté. Il mourut le 2 Septembre 1486, comblé d'honneurs & de biens. Il eut d'Isabeau de Bretagne:

1°, Gui XV, comte de Laval & de Montfort, grand-maître de France: il n'eut point d'enfants de Catherine d'Alençon, princesse du Sang, fille de Jean II, duc d'Alençon, & de Marie d'Armagnac. Gui XV mourut en 1500.

(ª) L'aînée avoit épousé Jean, duc de Bourbon.

2°, Jean de Laval, seigneur de la Roche-Bernard qui continua la postérité.

3°, Pierre de Laval, Archevêque, duc de Rheims, légat du S. Siege en France.

4°, Yoland de Laval, femme, 1°, d'Alain de Rohan, vicomte de Léon; 2°, de Guillaume d'Harcourt, comte de Tancarville.

5°, Jeanne de Laval, épouse de René, roi de Naples & de Jérusalem, duc d'Anjou, morte en 1498 sans enfants.

6°, Artuse de Laval, morte fiancée au comte de Genêve, frere du duc de Savoie.

7°, Helene de Laval, épouse de Jean de Malestroit, seigneur de Derval.

8°, Louise de Laval, épouse de Jean de Bretagne, comte de Penthievre.

Gui XIV devenu veuf d'Isabeau de Bretagne, épousa Françoise de Dinan, dame de Château-Briant, de Candé, de Vioreau, &c, la plus riche héritiere du Royaume : elle étoit veuve

de

de Gilles de Bretagne, frere des ducs François & Pierre. Il eut de cette Dame:

1°, PIERRE de Laval, seigneur de Montafilant, mort jeune.

2°, FRANÇOIS de Laval, seigneur de Château-Briant, de Candé, de Chanseaux, de Montafilant, de Beaumanoir, de Vioreau. Il épousa Françoise de Rieux, fille unique & héritiere de Jean, sire de Rieux & de Rochefort, maréchal de Bretagne, seigneur de Derval, de Rougé, de Malestroit, de Château-Giron, &c. Il en eut, 1°, Jean de Laval, comte de Château-Briant, chevalier de S. Michel, gouverneur, lieutenant-général & amiral de Bretagne : celui-ci se voyant veuf sans enfants de Françoise de Foix, fille d'Odet de Foix, vicomte de Lautrec, gouverneur de Guienne, & de Charlotte d'Albret, disposa de quatorze terres en faveur du connétable Anne de Montmorenci son parent & son ami ; 2°, Pierre de Laval, seigneur de Montafilant. Il n'eut point d'enfants de Françoise Tournemine, fille unique & héritiere de George Tournemine, baron de la Hunaudaie.

3°, JACQUES de Laval, seigneur de Beaumanoir, qui n'eut qu'un fils mort sans postérité.

XVI. JEAN de Laval, seigneur de la Roche-Bernard, épousa Jeanne du Perier, comtesse de Quintin, dont il n'eut qu'un fils qui suit : il mourut en 1476.

XVII. GUI XVI, comte de Laval, de Montfort, de Quintin, sire de Vitré, de Gaure, de la Roche-Bernard, chevalier de S. Michel, gouverneur, lieutenant-général & amiral de Bretagne, épousa, 1°, Charlotte d'Arragon, fille de Frédéric, roi d'Arragon ; 2°, Anne de Montmorenci, fille de Guillaume, baron de Montmorenci ; 3°, Antoinette de Daillon, fille de Jacques de Daillon, comte du Lude, gouverneur & sénéchal d'Anjou. Il eut de sa premiere femme :

1°, FRANÇOIS de Laval, comte de Montfort, tué au combat de la Bicoque, sans alliance.

2°, Catherine de Laval, alliée à Claude de Rieux, comte d'Harcourt.

3°, Anne de Laval, mariée à François, fire de la Trémoille.

De fa feconde femme il eut :

1°, Gui de Laval XVII du nom, qui fuit.

2°, Catherine, mariée à Louis de Rohan, fire de Guémené & de Montbafon.

3°, Anne, mariée à Louis de Silly, feigneur de la Roche-Guion.

De fa troifieme il eut :

Charlotte de Laval, alliée à Gafpard de Coligny, amiral de France.

Le comte de Laval eut encore un fils naturel, évêque de Dol. Il mourut en 1531.

XVIII. Gui XVII, comte de Laval, de Montfort, chevalier de S. Michel, fils de Gui XVI, & d'Anne de Montmorenci, demeura jeune fous la tutelle d'Anne de Montmorenci, grand-maître & maréchal de France, & de Jean de Laval, comte de Château-Briant fes oncles. Il époufa

Claude de Foix, fille d'Odet de Foix, vicomte de Lautrec & de Charlotte d'Albret; mais il mourut fans enfants à la fleur de fon âge: fes biens pafferent à fa fœur Catherine de Laval, dame de Rieux. Catherine eut deux filles; favoir, 1°, Renée de Rieux, qui prit le nom de Guionne XVIII, comteffe de Laval: elle époufa Louis de Sainte-Maure, marquis de Nefle, qui prit le nom de Laval; mais elle n'en eut point d'enfants; 2°, Claude de Rieux, époufe de François de Coligni, feigneur d'Andelot. Elle en eut Paul de Coligni qui fuccéda à fa tante Guionne XVIII, comteffe de Laval. Il prit le nom de Gui XIX, comte de Laval; il époufa Anne d'Alegre, dont il eut Gui XX, comte de Laval, tué en 1605 dans les guerres de Hongrie. Par fa mort arrivée fans enfants, les biens immenfes de la maifon de Laval, fes prétentions au Royaume de Naples, pafferent à Henri, duc de la Trémoille du chef de fa bifaïeule Anne de Laval, fille de Gui XVI, & de Charlotte d'Arragon, héritiere du Royaume de Naples.

Branche de Laval, Rais, la Suse & Blazon.

On a vu ci-deſſus que Gui IX eut entr'autres enfants de Béatrix de Gaure, Fouques de Laval : ce ſeigneur eſt auteur de la branche de Rais.

XII. Fouques de Laval, ſeigneur de Chaloiau en Bourgogne, ſignala ſon courage dans les querelles de Charles de Blois & de Jean de Montfort; il combattit juſqu'à la derniere extrémité pour Charles de Blois ; il fut fait priſonnier dans une rencontre à la tête de quatre cents Chevaliers. Ce déſaſtre accabla Charles de Blois qui avoit une confiance ſinguliere en la valeur de Fouques de Laval. Fouques élargi de ſa priſon, ramena ſous l'obéiſſance de Charles de Blois, les forpereſſes de Beauvoir, de Lampan, de l'Iſle-Chauvet & de Bouin. Il épouſa Jeanne Chabot-de-Rais, fille de Gerard-Chabot III du nom, ſeigneur de Rais, & de Marie de Parthenai. Il mourut en 1360, laiſſant :

1°, Gui de Laval, seigneur de Chaloiau & de Blazon, qui suit.

2°, Marie de Laval, alliée à Guillaume Sauvage, chevalier, seigneur du Plessis-Guérif.

3°, Philippe de Laval, épouse d'Alain de Saffré, chevalier, seigneur de Saffré.

XIII. Gui de Laval, seigneur de Chaloiau, de Blazon, de Chemillé, &c, surnommé *Brumor*, fut l'un des plus intrépides chevaliers de son siecle; il rendit les plus grands services à Charles V contre les Anglois & les Navarrois. Il fut pris en allant reconnoître Evreux en 1364. Telle étoit l'estime que le Roi avoit pour Gui de Laval, qu'il l'échangea contre Guillaume de Graville, l'un des plus grands capitaines de l'Angleterre. Gui de Laval ne cessa de combattre pour son prince jusqu'à sa mort arrivée en 1383. Il avoit épousé, 1°, Jeanne de Montmorenci, fille de Charles de Montmorenci, maréchal de France, & de Jeanne de Rouci, dont il n'eut point d'enfants; 2°,

Tiphaine de Husson, niece du connétable du Guesclin. Il en eut:

1°, Fouques de Laval II du nom, mort à la fleur de son âge sans avoir été marié.

2°, Gui de Laval, seigneur de Blazon, qui suit.

XIV. Gui de Laval, seigneur de Blazon, de Rais, de Chaloiau, de Chemillé, d'Ingrande, de Chantocé, &c, servit dans toutes les guerres de son temps. Il quitta le nom & les armes de Laval, pour prendre celle de Rais, en vertu de la donation qui lui fut faite de tous les biens de la maison de Rais, par Jeanne, dame de Rais; Gui épousa Marie de Craon (*), fille & héritiere de Jean de Craon, seigneur de Chantocé, d'Ingrande, de la Benaste, &c. Il mourut en 1416 à la fleur de son âge, laissant deux fils:

1°, Gilles, sire de Rais, qui suit.

(*) Quelques Savants prétendent que cette maison de Craon, fondue dans celle de Beauveau, descendoit en droite ligne de Bérenger, roi d'Italie.

2°, RENÉ de Laval, seigneur de la Suſe & de Rais; il épouſa Anne de Champagne dont il eut pour fille unique, Jeanne de Laval, dame de Rais, de la Suſe, &c, alliée à Gui de Chauvigni, vicomte de Broſſe, ſeigneur de Châteauroux: elle n'en eut qu'un fils appellé *André de Chauvigni*, ſeigneur de Rais, qui épouſa Louiſe de Bourbon, princeſſe du Sang, fille de Gilbert de Bourbon, comte de Montpenſier, viceroi de Naples, & de Claire de Gonzague. Il n'en eut point d'enfants: elle ſe remaria à Louis de Bourbon, prince de la Roche-ſur-Yon.

XV. GILLES, ſire de Rais, de Blazon, de la Benaſte, le Couſtumier, Bourneuf, l'Iſle de Bouin, Ingrande, Chantocé, la Mothe-Achard, la Mauviere, Pornit, S. Etienne-de-Mallemont, le Loroux-Botereau, de Chabanois, de Conſolant, &c, maréchal de France, gouverneur & lieutenant-général de Bretagne. Il demeura jeune ſous la tutelle de Jean de Craon ſon aïeul maternel, qui l'abandonna à lui-même, ſans ſe mêler
de

de son éducation. (Il avoit des biens immenses, près de 60 mille livres de revenu, fortune qui doit paroître d'autant plus éclatante, que l'apanage des freres des ducs de Bretagne ne montoit alors qu'à six mille livres de rente). La valeur & de grands talents pour la guerre, joints à la splendeur de sa naissance, annonçoient la plus brillante destinée au sire de Rais ; il est constant que s'il eût achevé sa carriere comme il la commença, on le regarderoit aujourd'hui comme un héros. A peine âgé de dix-sept ans, il alla combattre les Anglois avec une réputation extraordinaire de valeur. Dans tout le cours de la guerre de Charles VII contre les oppresseurs & les tyrans de la Patrie, il fit des prodiges de valeur ; ce fut sur-tout au siege d'Orléans qu'il signala le plus son courage ; il fut chargé de la conduite de l'armée avec la célebre Jeanne d'Arc, les sires de Gaucour & de Sainte-Sévere pour délivrer cette place, du salut de laquelle dépendoit celui du Roi & de la Nation. On sait quel fut le succès de cette grande entreprife. Jeanne d'Arc fe comporta en héroïne, mais elle fut bravement & vaillamment fecondée par les fires de Rais & de Gaucour. Le premier ne contribua pas moins à la défaite entiere de l'armée Angloife à Patay, qu'à la délivrance d'Orléans. En 1429, il fut honnoré du bâton de maréchal de France ; il avoit à peine 25 ans ; il fut un des principaux chefs de l'armée qui conduifit le Roi à Rheims ; il eut l'honneur de repréfenter un des pairs de France au facre de ce Prince qui le créa Comte (ᵃ); le refte de la guerre ne lui fut pas moins glorieux que les campagnes dont on vient de parler. On le voit par-tout combattre avec le connétable de Richemont, & contribuer avec éclat à fes victoires & à fes conquêtes. Heureux, s'il n'eût pas fouillé une vie commencée avec tant d'éclat par les plus grands excès. Le luxe, la flatterie

---

(ᵃ) Jean, duc d'Alençon ; Charles, duc de Bourbon ; Louis de Bourbon, comte de Vendôme ; Gilles de Laval, fire de Rais ; George de la Trémoille, baron de Sulli ; & André de Laval, repréfenterent les fix pairs de France. *Daniel, tom. IV, pag. 399.*

furent l'origine de ses malheurs : élevé, comme on a vu en 1429, à la dignité de maréchal de France, son premier soin fut de lever & d'entretenir à ses dépens une compagnie de deux cents hommes d'armes : il s'en faisoit suivre par-tout, c'étoit sa garde; il s'attacha une troupe de Comédiens, de Troubadours & de Ménétriers, qui représentoient tous les jours devant lui des spectacles qu'on appelloit alors *Mysteteres*. Le goût qu'il avoit pour les cérémonies de l'Eglise & la musique, l'engagea à former une espece de Chapitre, composé de trente Chapelains & Musiciens ; les habits, les ornements qu'il leur donna, étoient magnifiques : tout ce qui sert aux offices divins, calices, burettes, plats, encensoirs, chandeliers, croix, orgues, lui avoient coûté des sommes prodigieuses : sa maison étoit remplie d'un nombre infini de valets : sa table chargée des mets & des vins les plus exquis, étoit ouverte à tout le monde ; on ne voyoit dans sa conduite qu'un mélange bisarre de superstitions, de débauches & de profusions. Quelque grands que fuſſent ſes revenus, on conçoit qu'il les épuiſa bientôt. Pour ſoutenir ce faſte inſenſé, il vendit, il engagea à vil prix la meilleure partie de ſon domaine. Jean V, duc de Bretagne, acheta de lui la terre de Chantocé cent mille écus d'or; elle en valoit peut-être le double. Celles de la Benaſte, de la Mothe-Achard, la Mauviere, Parnit, S. Eſtienne de Mallemont, le Loroux-Botereau furent vendues au même Prince pour la moitié de leur valeur. Rien ne prouve davantage l'égarement de la raiſon du maréchal, qu'une ſi étrange diſſipation. Ses parents, le comte de Laval, ceux de ſa femme (il avoit épouſé Catherine de Thouars, fille & héritiere de Miles de Thouars, ſeigneur de Puiſanges, de Chabannois, de Confolant) obtinrent ſans peine du Parlement un arrêt qui défendoit à qui que ce fût d'acheter les terres du ſire de Rais, ſous peine de perdre les ſommes qui lui ſeroient données : cet arrêt fut ſignifié au duc de Bretagne, par le comte de Laval ſon gendre. Non-ſeulement le duc ſe mocqua de l'arrêt, mais il ôta au comte de Laval la Lieutenance générale de tous ses Etats, pour la donner au maréchal : il contracta aussi avec ce dernier, le 2 Novembre 1437, une alliance ou fraternité d'armes.

Cependant le sire de Rais que le duc de Bretagne flattoit ainsi dans ses passions, ne mettoit plus de bornes à ses crimes. Les misérables dont il étoit environné, & sur-tout quelques Italiens auxquels il avoit donné sa confiance, lui persuaderent de se défaire des malheureuses victimes de sa lubricité ; ils l'engagerent aussi à tenter le grand œuvre, & enfin à avoir recours au Diable, pour trouver des trésors ; mais le Diable qu'il invoqua, & à qui il promit tout, excepté sa vie & son ame, ne lui donna pas la satisfaction de lui apparoître. On ne parle de ces scènes absurdes que pour donner une idée de la folie du maréchal ; elle étoit telle que souvent il couroit seul dans les rues.

Cependant sur le cri public, le Maréchal est arrêté à Nantes en 1440, jugé & condamné à périr dans les flammes. Non-feulement le duc de Bretagne dont il étoit le lieutenant-général, le frere d'armes, l'abandonna; mais ce fut lui qui le pourfuivit avec le plus de rigueur. Le Maréchal, dans les ventes infenfées qu'il lui avoit faites de fes terres, avoit ftipulé qu'elles lui feroient rendues, pourvu qu'il remboursât le Duc en fix ans. Etoit-ce là crainte d'être rembourfé, ou l'horreur des excès de Rais qui excitoit le zele de Jean V? Quoi qu'il en foit, on fit à Nantes une proceffion générale, pour obtenir au Maréchal la force & le courage de foutenir un fi terrible fupplice : le Duc fon parent, & qui avoit été fi long-temps fon ami, affifta à l'exécution. On retira fon corps, avant qu'il eût été endommagé des flammes ; & en confidération de fa haute naiffance, de fes exploits, & du repentir qu'il avoit témoigné, il fut enterré avec une pompe magnifique en l'églife des Carmes de Nantes. Sa veuve fe remaria à Jean de Vendôme, vidame de Chartres. Il avoit eu une fille, appellée *Marie de Laval*, qui époufa, 1°, Pregent de Coétivi, amiral de France; 2°, André de Laval, amiral & maréchal de France.

Branche de Laval - Châtillon, Laval-Loué.

On a vu ci-dessus que Gui VIII avoit eu de Jeanne de Brienne de Beaumont sa seconde épouse, André de Laval, seigneur de Châtillon-en-Vandelais. André est l'auteur des branches de Châtillon, de Loué, de la Faigne.

XI. ANDRÉ de Laval, seigneur de Châtillon-en-Vandelais, d'Aubigné, de Loué, de Montfeur, d'Olivet, de Mellay-de-Courbeville, de Boyere, épousa Eustache de Beaussay, fille aînée de Hugues le Grand, seigneur de Beaussay, dont il eut:

1°, JEAN de Laval, seigneur de Châtillon, d'Aubigné, de Montfeur, d'Olivet, &c. Il épousa Isabeau de Tinteniac, fille unique de Jean de Tinteniac, & de Jeanne de Dol, qui lui apporta de belles terres; il combattit toute sa vie pour les intérêts de Charles de Blois; il fut pris à la bataille d'Aulroy; il ne recouvra sa liberté qu'en donnant plus de 40 mille écus de rançon, somme prodigieuse pour ce temps-là. Cela n'empêcha point Jean de Laval de laisser une succession immense à sa fille unique Jeanne de Laval qui épousa, 1°, le connétable du Guesclin; elle n'en eut point d'enfants; 2°, son cousin Gui XII, seigneur de Laval & de Vitré, dont elle eut Anne de Laval dont on a parlé ci-dessus.

2°, GUI de Laval, seigneur de Loué, qui continua la postérité.

3°, MARIE de Laval, alliée à Jacques de Surgeres, seigneur de la Floceliere.

4°, JEANNE de Laval, épouse de Guillaume Felton, chevalier Anglois.

5°, N.... de Laval, épouse de Gui-l'Archevêque, seigneur de Soubise & de Taillebourg.

XII. GUI de Laval I du nom, seigneur de Loué, de Benays, de Brée, de S. Aubin, épousa Jeanne héritiere de Pommereux & de S. Aubin. Il en eut :

1°, JEAN de Laval, seigneur de Loué, qui n'eut point d'enfants de ses deux femmes ; la premiere, héritiere de la maison de Beaupreau ; la seconde Mahaud-le-Vayer, dame de la Clarté, de Bretignoles, &c.

2°, THIBAUD de Laval, qui continua la postérité.

3°, GUI de Laval, seigneur de Pommereux : il n'eut point d'enfants de ses deux femmes Marguerite Machefer, fille unique & héritiere de Geofroi Machefer, seigneur de Montejean, de la Macheferriere & de Bourjau ; & de Catherine Turpin, fille de Lancelot Turpin, seigneur de Crissé & de Vihers, & de Denyse de Montmorenci.

XIII. THIBAUD de Laval, seigneur de Loué, de S. Aubin, de Benays, de Brée, conseiller & chambellan de Charles VI, épousa Jeanne de Maillé, fille de Péan de Maillé, seigneur de Brézé. Il servit avec distinction dans toutes les guerres de son temps. Il eut pour enfants :

1°, GUI de Laval, seigneur de Loué, qui suit.

2°, THIBAUD de Laval, seigneur de S. Aubin, tige des Montmorenci-Laval, Bois-Dauphin, branche qui a donné un maréchal de France, chevalier des ordres du Roi, gouverneur d'Anjou, & dont les derniers mâles ont été tués, l'un au siege de Dunkerque en 1646 ; il étoit lieutenant-général ; il alloit être fait maréchal de France ; l'autre au siege de Candie en 1669 ; & le dernier enfin au siege de Voerden en 1672. Cette branche a eu des alliances avec les maisons de Créqui, de Beauveau, de Lénoncourt, de Rohan, d'Ailli, de Souvré, de Séguier & d'Aloigni ; elle a possédé les terres de Bois-Dauphin, le vicomté de Bresteau, le comté de Sablé, les seigneuries de S. Aubin, des Coudrayes, d'Aulnai, de Précigné, de Louaillé, de S. Mars, de la Mousse, de Mauglesteau.

3°, JEAN de Laval, seigneur de Brée, auteur d'une branche éteinte en 1540.

4°, ANNE de Laval, alliée à Gui Turpin, chevalier.

5°, JEANNE, épouse de Guillaume III, seigneur de Courcelliers.

6°, MARIE de Laval, épouse de Pierre de Champagne, seigneur de Coulanes, chevalier de l'ordre du Croissant.

XIV. GUI de Laval II du nom, seigneur de Loué, de Benays, de Montsabert, la Faigne & Marcillé, chevalier de l'ordre du Croissant, grand-veneur, grand-chambellan de René, roi de Naples, grand-sénéchal & gouverneur d'Anjou, épousa Charlotte de Sainte-Maure, fille de Jean de Sainte-Maure, comte de Benon, seigneur de Nêle & de Montgaugier, & de Jeanne des Roches. Gui de Laval mourut le 19 Décembre 1484. Il laissa :

1°, ANDRÉ de Laval, mort sans avoir été marié.

2°, PHILIPPE de Laval, évêque de Séez.

3°, PIERRE de Laval, qui continua la postérité.

4°, RENÉ de Laval, seigneur

de la Faigne, auteur d'une branche actuellement exiſtante, & dont on parlera en ſon lieu.

5°, François de Laval, ſeigneur de Marcillé. Il n'eut point d'enfants de Catherine de Batarnay, ni de Marie de Ronſſart, ſes deux femmes.

6°, Marie de Laval, épouſe de Jean de Daillon, comte du Lude, gouverneur du Dauphiné.

7°, Louise de Laval, mariée à Jean-Louis de Boulliers, vicomte de Démont, ſeigneur de Cental, fils de Louis de Boulliers, vicomte de Démont, & d'Eléonore de Saluces.

8°, Hardouine de Laval, alliée à Jacques de Beauveau, ſeigneur de Tigné.

9°, N...de Laval, épouſe du ſeigneur de la Noue.

10°, Jeanne de Laval, abbeſſe d'Eſtival.

XV. Pierre de Laval, ſeigneur de Loué, de Benays, de Montſabert, de Breſſuyre, &c, épouſa Philippe de Beaumont, fille aînée, &

principale héritiere de Jacques de Beaumont, seigneur de Bressuyre, Lezay, & la Haie, gouverneur & sénéchal de Poitou, & de Jeanne de Rochechouart. Il mourut en 1528, âgé de 80 ans; il prit les armes pleines de Laval, comme étant devenu l'aîné de la maison, par la mort d'Anne, comtesse de Laval, morte en 1464. Ses enfants furent :

1°, GILLES de Laval I du nom, seigneur de Loué, qui suit.

2°, GUI de Laval, seigneur de Lezay, auteur de la branche de M. le duc de Laval, dont on parlera après celle de son aîné.

3°, FRANÇOIS de Laval, abbé de Clermont.

4°, MARQUISE de Laval, alliée à René du Bellay, seigneur de la Lande.

5°, HARDOUINE de Laval, épouse d'Edmont de Fonseque, baron de Surgeres.

XVI. GILLES de Laval I du nom, seigneur de Loué, de Benays, baron du Bressuyre, de Maillé, de Roche-

Corbon, de la Haie, de la Mothe-Sainte-Héraie, de Pont-Château, vicomte de Brosse, épousa Françoise de Maillé, fille aînée & principale héritiere de François, baron de Maillé, & de Marguerite de Rohan : la sœur puînée de Françoise de Maillé, épousa François de Batarnay, baron du Bouchage. Ses enfants furent :

1°, RENÉ de Laval I du nom, baron de Bressuyre, vicomte de la Brosse. Il épousa Jeanne de Bretagne, sœur de Jean de Bretagne, comte de Penthiévre & de Périgord, vicomte de Limoges, fille de René de Bretagne, comte de Penthiévre, & de Jeanne de Commines, mort sans enfants.

2°, GILLES de Laval II du nom, dont on parlera ci-après.

3°, ANNE de Laval, alliée à Philippe de Chambes, baron de Montforeau.

XVII. GILLES de Laval II du nom, seigneur de Loué & de Benays, baron de Maillé, de Bressuyre, de la Haie, de Roche-Corbon, vicomte de

Brosse, épousa Louise de Sainte-Maure, fille de Jean de Sainte-Maure, comte de Nêle & de Joigny, & d'Anne d'Humieres ; elle avoit pour frere Louis de Sainte-Maure, marquis de Nêle, qui épousa Guionne XVIII, comtesse de Laval. Gilles de Laval mourut en 1559 ; ses enfants furent :

1°, JEAN de Laval, marquis de Nêle, qui suit.

2°, RENÉ de Laval, seigneur de Loué : il épousa Renée de Rohan, fille de Louis de Rohan V du nom, seigneur de Guimené & de Montbazon ; il mourut en 1562 sans enfants ; sa veuve se remaria à Jean de Laval, marquis de Nêle son frere aîné.

3°, GABRIELLE de Laval, épouse de François-aux-Epaules, seigneur de Pizy : elle eut de lui René-aux-Epaules, marquis de Nêle, qui après la mort de Gui de Laval son cousin-germain, fils de Jean de Laval, prit le nom & les armes de Laval. Il épousa Marguerite de Monluc, fille du maréchal de Balagni, prince de Cambrai.

4°, ANNE de Laval, alliée à Claude de Chandio, seigneur de

Buſſy, chevalier de l'ordre du Roi.

XVIII. JEAN de Laval, marquis de Nêle, comte de Joigny & de Maillé, vicomte de Broſſe, baron de Breſſuyre, de la Roche-Chabot, de la Mothe-Sainte-Héraie, de l'Iſle-ſous-Montréal, ſeigneur de Loué, chevalier de l'ordre du Roi, capitaine de 50 hommes d'armes de ſes Ordonnances, capitaine des cent gentils-hommes de la maiſon de Sa Majeſté, épouſa, 1°, Renée de Rohan, veuve de ſon frere; 2°, Françoiſe de Birague, fille de René de Birague, Patrice de Milan, gouverneur du Lyonnois, Forêt & Beaujolois, chancelier de France, & enſuite cardinal. Jean de Laval, marquis de Nêle, mourut le 20 Septembre 1578. Il eut de ſa premiere femme :

1°, GUI de Laval, qui ſuit.

2°, LOUIS de Laval, mort en bas âge.

3°, CHARLES de Laval, mort en bas âge.

De Françoiſe de Birague il eut :

MARGUERITE de Laval, morte jeune. XIX.

XIX. Gui de Laval, marquis de Nêle, comte de Joigny & de Maillé, vicomte de Brosse, baron de Bressuyre, & de la Mothe-Sainte-Héraie, seigneur de Loué, de Roche-Corbon, des Ecluses, capitaine de 50 hommes d'armes des ordonnances du Roi, né en 1565, épousa Anne Huraut, fille de Philippe Huraut, comte de Chiverny & de Limoux, chancelier de France, gouverneur de l'Orléanois, du Blaisois, du Pays Chartrain & du Loudunois, & d'Anne de Thou. Le marquis de Nêle scella de son sang l'attachement qu'il avoit voué à Henri IV; il mourut à 25 ans des blessures qu'il reçut à la bataille d'Ivry en 1590. Par sa mort arrivée sans enfants, les seigneurs de Lezay, devenus les aînés de la maison de Montmorenci-Laval en prirent les armes pleines.

Branche des Montmorenci-Laval-Lezay.

On a vu ci-dessus que Pierre de Laval, seigneur de Loué, avoit eu de son épouse Philippe de Beaumont

Tome I.   M

dame de Bressuyre, entr'autres enfants, Gui de Laval : ce Gui de Laval est l'auteur de la branche de Montmorenci-Laval-Lezay.

XVI. Gui de Laval, seigneur de Lezay & de Macheferriere, & de Bréhabert, servit François I dans toutes ses guerres en Italie ; il fut pris à la bataille de Pavie ; à son retour en France, il épousa Claude de la Jaille, fille de René de la Jaille, seigneur de la Jaille. Il en eut :

1°, Pierre de Laval I du nom, seigneur de Lezay, qui suit.

2°, Françoise de Laval, alliée à Nicolas de Champagne, comte de la Suse, conseiller & chambellan des Rois Louis XII & François I.

3°, Philippe de Laval, prieure du couvent de la Patience de Laval.

4°, Renée de Laval, religieuse de l'Annonciade à Bourges.

XVII. Pierre de Laval I du nom, baron de Lezay, seigneur de Bréhabert, de la Chétardiere, la Fribodiere, Moire, le Verger, la Macheferriere, Mouillebert, la Graliere, Chêne, épousa Jacqueline Clérambaut, fille aînée, & principale héritiere de Jacques Clérambaut, seigneur de la Plesse, & de Claude d'Avaugour. Il servit dans les guerres contre les Protestants ; il fut pris, & paya une très-grosse rançon. Il mourut à la Chétardiere en 1582, laissant :

1°, PIERRE de Laval II du nom, baron de Lezay, qui suit.

2°, GUI de Laval, mort jeune.

3°, RENÉE de Laval, alliée à René de Bouillé, comte de Créance, chevalier des ordres du Roi, capitaine de 50 hommes d'armes, gouverneur de Périgueux.

4°, CLAUDE de Laval, mariée à René Gillier, baron de Puigarreau, seigneur de Mermande, de Sceaux, &c.

5° & 6°, CATHERINE & GUIONE, mortes dans leur enfance.

XVIII. PIERRE de Laval II du nom, marquis de Laval-Lezay, baron de Treves, seigneur de Bréhabert de la Plesse, comte de la Bigeotiere, de Moire, conseiller d'Etat, capitaine de 50 hommes d'armes des ordonnances du Roi, prit les armes pleines de la maison de Laval, comme l'aîné par le décès de Gui de Laval, marquis de Nêle son cousin. Il combattit en faveur de Henri IV, qui dans tous ses brevets, lui donna le titre de cousin. Il épousa Isabeau de Rochechouard, fille de René de Rochechouard, baron de Mortemar, chevalier des ordres du Roi, conseiller d'Etat, & de Jeanne de Saulx de Tavannes, fille de Gaspard de Tavannes, maréchal de France, gouverneur de Provence. Il eut de ce mariage :

1°, HILAIRE de Laval-Lezay, marquis de Laval-Lezay, mort en 1670 sans enfants de Françoise du Puy-du-Fou, héritiere de sa maison.

2°, GUI Urbain de Laval, marquis de la Plesse, qui continua la postérité.

3°, JEANNE Aquelonne de Laval, alliée à Honorat d'Acigné, comte de Grandbois.

4°, 5°, 6°, JUSTINE, CATHERINE, & GABRIELLE de Laval, religieuses.

XIX. GUI-URBAIN de Laval

marquis de Laval-Lezay, seigneur de Neuville, de la Roche-Clérambaut, de Bréhabert, conseiller d'Etat & privé, épousa Françoise de Ses-maisons, dont il eut :

1°, PIERRE III, marquis de Laval-Lezay, qui suit.

2°, HILAIRE de Laval, appellé *l'Abbé de Laval* ; ensuite le marquis de la Plesse, mort sans alliance.

3°, MARIE-LOUISE de Laval, épouse de Gaston-Jean-Baptiste-Antoine, duc de Roquelaure, maréchal de France.

4°, FRANÇOISE de Laval, abbesse de Sainte-Croix de Poitiers.

XX. PIERRE de Laval III du nom, marquis de Laval-Lezay, & de Magnac, comte de la Fontaine-Chalendray, premier baron de la Marche, épousa Marie-Françoise de Salignac, fille d'Antoine, marquis de la Mothe-Fénélon, dont il eut pour fils unique :

GUI-ANDRÉ de Laval, appellé *le Comte de Laval*.

XXI. GUI-ANDRÉ de Laval, appellé *le Comte de Laval*, marquis de

Lezay, de Magnac, de Treves, de la Mothe-Fénélon, comte de la Bigeotiere & de Fontaine-Chalendrai, baron de la Pleſſe, premier baron de la Marche, colonel du régiment de ſon nom, fut pris & bleſſé à la bataille de Ramélies, bleſſé au ſiege de Fribourg d'un coup de mouſquet qui lui perça les deux joues. Il épouſa Marie-Anne de Turménies, dame de Nointel, veuve du marquis de la Rochefoucault-Bayers. Il mourut le 7 Mars 1745, laiſſant:

1°, GUI-ANDRÉ-PIERRE de Laval, duc de Laval, qui ſuit.

2°, LOUIS-JOSEPH de Montmorenci-Laval, ſucceſſivement évêque d'Orléans, de Condom & de Metz, né le 11 Décembre 1724.

3°, GUIONNE-MARIE-CHRISTINE, alliée à Henri-François, marquis de Grave.

4°, MARIE-ANNE, alliée à Hyacinthe-François de Loos, duc de Corſwarem dans les Pays-Bas.

XXII. GUI-ANDRÉ-PIERRE de Montmorenci-Laval, duc de Laval,

marquis de Laval-Lezay, baron d'Arnac, premier baron de la Marche, lieutenant-général des armées du Roi, gouverneur de Mont-Dauphin, né le 2 Septembre 1723, a servi dès sa plus tendre jeunesse : il a reçu à la bataille de Raucoux un coup de fusil à travers du corps qui fit désespérer de sa vie ; il servit à l'expédition de Minorque, c'étoit lui qui commandoit la tranchée en qualité de maréchal-de-camp, la nuit que le Fort-Saint-Philippe fut enlevé ; il signala également son courage à la bataille de Crévelt. L'éclat de sa naissance, joint à l'importance de ses services, lui a mérité l'honneur d'être élevé à la dignité de Duc héréditaire pour lui & ses descendants mâles avec extension aux enfants & descendants mâles de feu Joseph-Pierre, comte de Montmorenci-Laval, Menin de Monseigneur le Dauphin, colonel du régiment de Guienne, tué le 29 Juillet 1757, à la bataille d'Hastembeckc. M. le duc de Laval a épousé Jacqueline-Hortense de Bullion-Fervaques, fille d'Etienne-Jacques, marquis de Fervaques, chevalier des ordres du

Roi, lieutenant-général de ses armées, sœur des duchesses d'Olonne & de Beauvilliers.

De ce mariage sont sortis :

1°, GUI-ANDRÉ-MARIE-JOSEPH, comte de Laval, mort sans enfants de N. Jacquier de Vieux-Maisons, morte le 2 Juin 1760.

2°, ANNE-ALEXANDRE-SULPICE-JOSEPH, né le 22 Janvier 1747, appellé *M. le Marquis de Laval*.

3°, MATTHIEU-PAUL-LOUIS, né le 5 Août 1748, appellé *le Marquis de Montmorenci*.

4°, LOUIS-HILAIRE-EMMANUEL, appellé *l'Abbé de Laval*, né le 18 Juin 1750, mort en 1760.

5°, ANNE-SILVAIN, marquis de Lezay, mort âgé de six ans.

6°, GUIONNE-HORTENSE, appellé *Mademoiselle de Laval*.

Branche des Seigneurs de la Faigne, Tartigny, Comtes de Montmorenci-Laval, actuellement existante.

GUI de Laval II du nom, seigneur

gneur de Loué, grand-chambellan de René, roi de Naples, eut entr'autres enfants de Charlotte de Sainte-Maure son épouse, René de Laval, seigneur de la Faigne, tige de la branche dont il s'agit de parler.

XV. RENÉ de Laval, seigneur de la Faigne & de Pontbelain, épousa Antoinette de Havart, fille de George de Havart, seigneur de la Rosiere & de Ver, vicomte de Dreux, & d'Antoinette d'Estouteville, dont il eut:

1°, RENÉ de Laval, qui suit.

2°, MAGDELAINE de Laval, alliée à Guillaume de Pisseleu, seigneur de Heilly, de la même maison que la célèbre duchesse d'Etampes, maîtresse de François I.

XVI. RENÉ de Laval II du nom, seigneur de la Faigne, de Ver, de la Rosiere, de Montigny, de la Puisaie, combattit vaillamment à la bataille de Marignan ; il épousa Marie de Bussu, fille & héritiere d'Artus, seigneur de Bussu, de Tartigny & d'Auvilliers.

Il mourut en 1532, laissant :

1°, LOUIS de Laval, seigneur de la Faigne, de la Rosiere, de Ver, & de la Puisaie ; il épousa Eléonor de Castillio, fille unique & héritiere de Léonard de Castillio, seigneur de Mathéfelon, & de Françoise de Château-Briant, dont il n'eut qu'une fille ; sçavoir, Louise de Laval, dame de la Faigne, de la Rosiere, de Ver, de la Puisaie, &c, mariée, 1°, à François de Chataignier, seigneur de la Rochepofay, chevalier de l'ordre du Roi, capitaine de 50 hommes d'armes ; 2°, à Pierre de Montmorenci, seigneur de Lauresse.

2°, HUGUES de Laval, seigneur d'Aveluys & de Tartigny, qui continua la postérité.

3°, JACQUES de Laval, mort sans postérité de Marie de Villiers.

4°, JACQUES de Laval, seigneur d'Auvillers, épousa Marguerite de Mezieres, dont il eut, 1°, René de Laval, seigneur d'Auvillers, époux de Catherine de l'Hôpital, fille de Jean de l'Hôpital, comte de Choify, & d'Eléonor Stuard, dont il n'eut point d'enfants.

5°, FRANÇOISE de Laval, alliée à George de Caffenove, feigneur de Gaillarbois.

6°, JAQUELINE, époufe de Jean de Fourateau, feigneur de la Fouratiere.

7°, MAGDELENE, alliée à Pierre de Normanville, chevalier de l'ordre du Roi.

XVII. HUGUES de Laval, feigneur d'Aveluys, de Tartigny, de Frefnay-le-Samfon, chevalier de l'ordre du roi, époufa Marie de Mezieres, dont il eut :

JEAN de Laval, feigneur d'Aveluys, qui fuit.

XVIII. JEAN de Laval, feigneur d'Aveluys, de Tartigny, de Gournai-le-Guérin, de Frefnay-le-Samfon, époufa Claude de Prunelé, dont il eut :

1°, GABRIEL de Laval, qui fuit.
2°, CHARLES, feigneur de la Rofiere.

3°, FRANÇOIS de Laval, qui de Michelle Péricart, eut François de Laval, premier évêque de Quebec, mort en 1708 en odeur de sainteté.

4°, ALBERT de Laval, chevalier de Malthe.

5°, MAGDELENE de Laval, alliée à Christophe le Comte, seigneur de Servieres.

6°, HELENE, mariée à François Moreau, seigneur de la Poiffonniere.

7°, ELISABETH, mariée à Pierre d'Epinay, seigneur d'Auvergny.

8°, MARIE, religieuse à la Chaise-Dieu.

9°, SUSANNE, religieuse à Caen.

XIX. GABRIEL de Laval, baron de la Faigne, seigneur de Tartigny, de Gournai, d'Aveluys, mourut en 1664. Il épousa Anne Viole, fille de Pierre Viole, seigneur d'Athis, président au Parlement, dont il eut :

1°, THOMAS, qui suit.

2°, JEAN de Laval, seigneur de Gournai, tué en duel.

3°, LOUIS de Laval, chevalier de Malthe, commandeur d'Artain.

4°, François de Laval, chevalier de Malthe.

5°, Charles de Laval, tué en une rencontre.

XX. Thomas de Laval, baron de la Faigne, seigneur de Tartigny, de Gournai, d'Aveluys, de la Rosiere, de Fresnay-le-Samson, épousa Louise de Vallée, fille d'Etienne de Vallée, seigneur de Pescheray, & de Marie du Raynier de Droué; Madame de Pescherai épousa en secondes nôces Charles d'Angennes, seigneur de la Loupe, dont elle eut Catherine d'Angennes, comtesse d'Olonne, & Magdelene d'Angennes, maréchale-duchesse de la Ferté. Thomas de Laval mourut d'une maniere tragique; il fut assassiné par le Précepteur de ses enfants, le 27 Février 1651, laissant:

1°, Charles de Laval, seigneur de la Faigne; il épousa Louise le Musnier, fille & héritiere de Pierre le Musnier, conseiller d'Etat, président à mortier au parlement de Metz; dont il eut Claude-Charles de Laval, chevalier d'honneur de Madame la duchesse d'Orléans. Claude-Charles de Laval, appellé *le Marquis de Laval*, épousa Marie-Thérese de Hautefort, fille de Gilles, marquis de Hautefort & de Surville, lieutenant-général des armées du Roi, & de Marthe d'Estournel-de-Surville: il en eut, Gui-Louis-Charles, marquis de Laval aussi chevalier d'honneur de Madame la duchesse d'Orléans, mort à la fleur de son âge, laissant pour fille unique d'Adelaïde-Louise Salbigothon d'Epinai, Louise-Adelaïde-Philippine de Laval, religieuse à la Ville-l'Evêque. Il avoit pour sœur Louise-Augustine de Laval, épouse d'Antoine-Louis Crozat, baron de Thiers, comte de Beaumanoir, maréchal des camps & armées du Roi, ancien maréchal-général des logis des armées du Roi.

2°, GABRIEL de Laval, qui suit.

3°, HENRI, dit le chevalier de Laval, mort sans avoir été marié.

4°, ETIENNE, dit l'abbé de Laval, mort à 24 ans.

5°, LOUISE de Laval, religieuse,

6°, Catherine-Louise de Laval, aussi religieuse.

XXI. Gabriel de Laval, seigneur de Gournai, mort au mois de Mars 1723, épousa, 1°, Renée-Barbe de la Forterie ; 2°, Emilie-Marie-Adelaïde de Grimoard-du-Roure, fille de Louis-Scipion Grimoard-du-Roure, marquis du Roure, gouverneur du Pont-S. Esprit, lieutenant-général de la province de Languedoc, & de Louise-Victoire Caumont-de-la-Force. Il a eu de sa premiere femme :

1°, Claude-Roland de Montmorenci-Laval, maréchal de France, qui suit.

2°, Robert de Laval, mort jeune.

3°, Cyprian-René de Laval, abbé de Manlieu.

4°, Louise de Laval, alliée au marquis de Chantilly-en-Touraine.

De sa seconde femme il a eu :

XXII. Joseph-Auguste de Laval, comte de Montmorenci-Laval, brigadier des armées du Roi, chef de brigade des Gardes-du-Corps. Il a épousé Marie-Louise-Angélique Barberin, veuve du comte de Saugeon.

XXII. CLAUDE-ROLAND, comte de Montmorenci-Laval, seigneur de Valon, gouverneur de Béthune, commandant pour le Roi en Lorraine, grand-chambellan du roi de Pologne, duc de Lorraine & de Bar, fut nommé maréchal de France, le 17 Septembre 1747. Il est mort le 14 Novembre 1751, laissant d'Elisabeth de Rouvroy de Saint-Simon, fille d'Eustache Titus, marquis de Saint-Simon, Brigadier des armées du Roi, & d'Elisabeth-Claire-Eugénie de Hauterive :

1°, JOSEPH-PIERRE de Montmorenci, comte de Laval, qui suit.

2°, LOUISE-HENRIETTE de Laval, alliée à Blockard-Maximilien-Augustin, comte de Helmstat.

3°, HENRIETTE-CHARLOTTE de Montmorenci - Laval, abbesse de Montmartre.

XXIII. JOSEPH-PIERRE de Montmorenci-Laval, comte de Laval, l'un des menins de Monseigneur le Dauphin, colonel du régiment de Guienne, né le 28 Mai 1729, a été tué le 29 Juillet 1757, à la bataille d'Haftembecke; il avoit épousé Elisabeth-René de Maupeou, fille de René-Théophile, marquis de Maupeou, lieutenant-général des armées du Roi, dame de compagnie de Madame. Elle est morte le 4 Novembre 1759. Les enfants nés de ce mariage, appellés à la succession du duché de Laval, au défaut de la postérité de M. le duc de Laval, sont:

1°, GUI MARIE-RENÉ de Montmorenci-Laval.

2°, LOUIS-ADELAÏDE-JOSEPH de Montmorenci-Laval, appellé *le Chevalier de Laval*, né le 18 Octobre 1752, tenus sur les fonts de Baptême le 19 Juin 1753, par Monseigneur le Dauphin & Madame.

3°, CLAUDINE-ANNE-ELISABETH de Montmorenci-Laval, née le 6 Mars 1750.

XXIV. GUI MARIE-RENÉ de Montmorenci-Laval, appellé *M. le Comte de Laval*. Il est né le 23 Décembre 1751.

HISTOIRE
DE LA MAISON
DE MONTMORENCI.

Bouchard I, seigneur de Montmorenci, d'Ecouen, de Marly & de Bray-sur-Seine.

BOUCHARD I. passoit pour un des premiers Seigneurs de la nation, sous le regne de Lothaire. Il eut part aux affaires du gouvernement; il signala son courage dans toutes les guerres de son temps, & sur-tout à celle que la France eut à soutenir contre l'empereur Othon II.

955.

Ce Prince étoit entré en France avec une armée de 60 mille hommes, pour se venger du roi Lo-

978.

thaire qui venoit de lui enlever la Lorraine supérieure : il s'avança vers Paris, répandant sur ses pas le ravage & la mort. Il s'attacha au siege du château de Montmorenci, qu'il emporta d'assaut. Paris auroit essuyé le même sort, sans le courage de Geoffroy, comte d'Anjou, surnommé Grisegonelle (a). Ce héros, parent de Bouchard de Montmorenci, défendit la capitale de l'empire François avec tant d'opiniâtreté, qu'il donna le temps à Lothaire d'accourir à son secours avec les nombreuses troupes que lui avoient amenées les grands vassaux de la Couronne.

Aimonius, Lib 5. c. 45.

Othon étonné de l'activité, du courage, du concert & des menaces des François qu'il avoit compté surprendre, s'enfuit après avoir fait un monceau de cendres & de ruines de la ville & du château de Montmorenci ; mais sa retraite précipitée ne le garantit pas d'une sanglante défaite : Lothaire le plus

(a) A cause d'une tunique grise qu'il portoit sur ses armes.

brave des descendants de Charlemagne l'atteignit au passage de l'Aisne près de Soissons, & battit entiérement son arriere-garde : on dit que Bouchard, qui avoit ses injures particulieres à venger, fut un des chevaliers François qui se distingua le plus dans le combat; qu'il enleva à l'ennemi quatre étendarts ou aigles imperiales : on ajoute que pour conserver le souvenir de cet exploit, il orna la Croix de ses armes de quatre aiglettes ou alerions: tout ce qu'il y a de vrai, c'est que ses descendants n'eurent point d'autres armes jusqu'à Matthieu II, surnommé le Grand, l'un des plus illustres d'entr'eux, qui dans une bataille encore plus mémorable ayant enlevé 12 aigles Imperiales, augmenta, par ordre de Philippe Auguste, son écusson de 12 alerions.

Guillaume de Nangis.

La bataille de Bouvines.

L'incendie du château de Montmorenci ne fut pas le seul désastre qu'éprouva Bouchard. Pendant qu'il combattoit avec tant de gloire les ennemis de la nation, un Chevalier, ou plutôt un brigand appellé

Bos, surprit sa ville de Bray, dans laquelle il s'établit, & d'où il ravagea le pays voisin. Renard, comte de Sens, indigné de la perfidie de Bos, l'attaqua, & le prit dans Bray, qui fut incendié. Bouchard de Montmorenci paroît avoir été très-attaché à Hugues le Grand, duc de France, comte de Paris, pere du roi Hugues Capet. Il eut plusieurs enfants de son épouse Ildegarde, fille de Thibaut, comte de Chartres & de Blois : le second de ses fils appellé Thibaut, seigneur de Bray & de Montlhéri, grand forestier de France, fut auteur d'une branche qui, comme on verra bientôt, parut avec éclat à la Cour de nos Rois.

Bouchard II surnommé le Barbu, seigneur de Montmorenci, d'Ecouen, de Marly dans le Pays-Chartrain, de Feuillarde & de Château-Basset.

987. BOUCHARD II fut témoin de la révolution qui fit passer la Couronne de Charlemagne sur la tête de Hugues Capet; les services qu'il

rendit à ce Prince & au roi Robert son fils, lui valurent de grandes récompenses de la part de ces deux Princes : celui-ci lui fit don de la châtellenie de Feuillarde.

997.
998.

Cependant Bouchard, qui avoit de grands intérêts à démêler avec les abbés de S. Denis ses voisins, encourut la disgrace du Roi, pour avoir refusé de faire hommage à l'abbé Vivian d'une forteresse qu'il possédoit dans l'Isle S. Denis : l'Abbé vaincu par les armes de Bouchard, eut recours au Roi, qui évoqua l'affaire à son tribunal : elle fut jugée par les Palatins & les Barons du Royaume, qui ordonnerent que la forteresse seroit rasée ; mais à la priere de la reine Constance, il permit à Bouchard de rétablir le château de Montmorenci, détruit, comme on a vu ci-dessus, par l'empereur Othon II. Bouchard dont le voisinage étoit redoutable à ses voisins, mourut en 1020.

Chronique de l'abbaye de S. Denis en la vie du roi Robert, ch. 7.

998.

Par une chartre datée du 25. Janvier 998.

Bouchard III, seigneur de Montmorenci, d'Ecouen, de Marly, de Feuillarde & de Château-Basset.

BOUCHARD III & Albéric son frere, connétable de France, furent dans la plus haute faveur auprès des rois Robert & Henri I. On les voit signer presque toutes les chartres avec les grands vassaux de la Couronne, tels que les comtes de Flandre, de Normandie & de Champagne. L'an 1024. l'empereur Henri II ayant envoyé l'évêque de Cambrai & l'abbé de S. Venne de Verdun en qualité d'ambassadeurs en France, Robert convoqua les *hauts & puissants seigneurs du Royaume*, pour délibérer avec eux sur les propositions de l'Empereur : on voit parmi eux *Bouchard*, fils de Bouchard de Montmorenci. Il signa immédiatement après le roi, Henri prince de France ; Baudouin à la belle barbe, comte de Flandre ; Richard, comte de Normandie ; Robert son frere, archevêque de Rouen ; & Raoul, comte de Crespy.

Bouchard

Cette chartre est au trésor de S. Vast d'Arras.

DE MONTMORENCI. 161

Bouchard & Albéric accompagnerent ces deux Princes dans toutes leurs expéditions : le premier mourut en 1042.

1042.

Thibaud, seigneur de Montmorenci, d'Ecouen, de Feuillarde & de Château-Bassèt, connétable de France.

HENRI I eut pour THIBAUD de Montmorenci la même amitié qu'il avoit eue pour son pere. Thibaud signa presque tous les actes solemnels de ce Prince, avant les grands officiers de la Couronne & les comtes : lui & son frere Hervé de Montmorenci, bouteiller de France, sont appellés par le Roi, *Princes du Royaume, nobles Princes*. Philippe I, fils & successeur d'Henri I, honora Thibaud de Montmorenci de la dignité de Connétable. Thibaud mourut sans enfants, laissant ses biens à Hervé de Montmorenci son frere, qui étoit alors connu sous le nom de Sire de Marly.

1059.

Il autorisa de son seing & de son nom une chartre donnée en 1060. en faveur de S. Martin-des-Champs.

1085.

Tome I.   O

*Hervé, seigneur de Montmorenci, d'E-
couen, de Feuillarde, de Marly, de
Château-Bassset, grand-bouteiller de
France.*

LES services d'HERVÉ de Montmorenci lui valurent la charge de bouteiller, alors la seconde du Royaume. Dans la chartre que Philippe I accorda à l'abbaye de S. Quentin, chartre que le roi d'Angleterre & tous les grands du Royaume souscrivirent, on voit qu'Hervé signa avant Hugues, comte de Vermandois, frere du Roi. Hervé, à l'exemple de ses ancêtres, combla les Eglises & les Moines de biens. Il mourut en 1094.

Mémoires du Beauvoisis par Loisel.
1079.

Histoire de la Ville de Beauvais par Louvet.

1094.

Bouchard IV, sire de Montmorenci, d'Ecouen, de Marly, de Feuillarde, d'Epineul-sur-Seine, d'Hérouville & de Conflans-Sainte-Honorine.

AVANT que de parler de BOUCHARD IV, il convient de jetter les yeux sur la branche puînée de la maison de Montmorenci, connue sous le nom de Montlhéri. Cette branche riche & puissante fut féconde en hommes dont le courage inquiet & mutin fut redoutable à nos Rois. Gui I (a), sire de Montlhéri passa une partie de sa vie dans le tumulte des armes, & l'autre dans le monastere de Longpont de l'ordre de Cluni, qu'il avoit lui-même fondé: il laissa deux fils; Miles I, surnommé le grand, sire de Montlhéri & de Bray, vicomte de Troyes, & Gui, comte de Rochefort, sénéchal de France. Miles le grand, après avoir long-tems abusé de sa puissance & de sa valeur, pour exciter guerre sur guerre dans l'Etat, lassé enfin de combattre ses Rois & ses voisins, partit à la tête de plusieurs chevaliers ses vassaux, pour expier ses désordres dans la premiere croisade où il mourut. Gui (b)

(a) Il avoit épousé la fille de Guillaume de Gomets, Sénéchal de France, qui lui apporta des biens immenses.

(b) Indépendamment de Miles I, sire de Montlhéri & du Comte de Rochefort, il eut de ce mariage Melisende épouse de Hugues, comte de Rhétel, & mere de Baudouin de Bourg, roi de Jerusalem.

Trouſſel, ſon fils aîné, auſſi fier, auſſi indépendant, plus puiſſant encore, témoigna dans toutes les guerres de ſon temps le même courage & la même inquiétude. Il prit auſſi la croix avec Hugues de France, comte de Creſpi, & Étienne, comte de Blois. Il mourut ne laiſſant qu'une fille appellée Eliſabeth qui porta tous ſes biens à Philippe (*), comte de Mantes, fils du roi Philippe I, & de Bertrade de Montfort. Miles le jeune ſon frere, vicomte de Troyes, périt malheureuſement ; il fut ſurpris à Châteaufort par Hugues, ſire de Creci ſon couſin-germain, ſénéchal de France, qui le fit étouffer. Louis VI dont il avoit l'honneur d'être proche parent, aſſiſta à ſes funérailles, & vengea ſa mort en réduiſant ſon aſſaſſin à la néceſſité de ſe faire Moine de Cluni.

(*) Perſonne n'ignore que le voluptueux Philippe I enleva Bertrade de Montfort au comte d'Anjou ſon époux, qu'il l'épouſa & la garda, malgré les menaces & les foudres du Pape. Il en eut deux fils, Philippe, comte de Mantes, & Fleuri.

Mais le seigneur le plus illustre de cette branche fut Gui, comte de Rochefort, sénéchal de France, surnommé le Rouge. L'abbé Suger ne parle de lui que comme d'un des plus grands homme de ce siecle, sage, appliqué, plein de génie & de valeur, ne respirant que la gloire du nom françois : on va voir cependant que ce comte de Rochefort si sage, excita plusieurs guerres. Mais telle étoit alors la malheureuse condition des Rois & des peuples, qu'il n'y avoit point de baron qui ne fût autorisé par la coutume à troubler le repos de l'Etat. La Noblesse fiere & belliqueuse, jalouse de sa liberté & de son indépendance, faisoit alors consister toute sa gloire à se faire elle-même justice par la force des armes ; elle bravoit la Majesté Royale, lorsqu'elle s'imaginoit avoir lieu de s'en plaindre. Delà les guerres continuelles entre les Rois & leurs vassaux. Delà la confusion, la barbarie & l'indigence sous lesquelles la nation gémit long-temps. Au reste les droits

Ordericus L. 9. Suger in vitâ Ludovici Grossi.

étoient tellement confondus dans ces temps de ténebres, d'anarchie & d'ignorance, que l'Abbé Suger, l'un des hommes les plus sages, écrivoit qu'on ne pouvoit arrêter légitimement les barons, ni les condamner à mort, à moins qu'ils ne fussent convaincus de trahison. Le Roi pouvoit seulement les poursuivre les armes à la main ; &, s'il étoit le plus fort, les dépouiller des terres qu'ils tenoient de lui à foi & hommage. D'après ces principes, est-il étonnant de voir les barons agir d'égal à égal avec les Rois, & en user à leur égard à peu-près comme les Electeurs envers l'Empereur ? Il a fallu des siecles entiers, des circonstances heureuses, toute la politique & la puissance des Rois, pour détruire ces abus qui naissoient de l'anarchie féodale. Sans doute les plus anciennes & les plus illustres familles ont beaucoup perdu de leur puissance ; mais en cessant d'être redoutables aux Rois pour ne l'être plus qu'aux ennemis de la patrie, n'ont-elles pas trans-

Ibidem.

mis à leurs descendants une source de gloire plus pure & plus flatteuse. Enfin si l'Empire s'est accrû peu-à-peu, si les serfs dont la France étoit remplie, comme l'est aujourd'hui toute la Pologne, sont devenus citoyens, si les loix ont pris de la vigueur. L'on peut dire que c'est à l'établissement du pouvoir monarchique, que la nation doit tous ces avantages.

Le Comte de Rochefort gouverna d'abord le Royaume en qualité de grand-sénéchal(a). Cette charge, la premiere de l'Etat, donnoit à celui qui en étoit revêtu, la même puissance qu'aux maires du Palais. Il avoit le commandement suprême des armées; il tenoit le premier rang à la Cour; l'administration de la justice & des finances dépendoit de son autorité. Le pouvoir énorme attaché à cette dignité la fit depuis sagement supprimer par Phi-

1096.

(a) La dignité de grand-sénéchal de France avoit été donnée à Geofroi Grifegonelle, comte d'Anjou, & à ses successeurs en 979; mais ces Princes ne l'exercerent point: ceux qui en étoient revêtus, la tenoient d'eux en fief.

lippe Auguste. C'est sur les débris de cette charge, que se sont élevées celles de connétable, de grand-maître, & de chancelier de France.

Cependant Rochefort s'arracha à tant de gloire & de puissance, au roi Philippe I, qu'il gouvernoit, à la Cour dont il étoit le maître, moins encore par sa charge, que par son génie & son courage, pour aller combattre en Palestine: c'étoit la maladie épidémique de ce siecle. Les exploits de Godefroi de Bouillon & des héros de la premiere croisade faisoient tant de bruit en Europe, qu'il n'y avoit point de chevalier qui ne se fût cru deshonnoré, s'il n'eût pris part à la gloire & au danger de ces expéditions. Rochefort rassemble ses vassaux, prend la croix, & s'embarque avec Hugues de France, qui, pour la seconde fois alloit signaler son courage aux bords du Jourdain. Le secours qu'ils porterent aux colonies chrétiennes leur fut très-utile. Le Royaume naissant de Jérusalem attaqué

attaqué de toutes parts, avoit besoin d'être puissamment soutenu pour ne pas succomber. Après plusieurs campagnes, Rochefort revint en France, & fut reçu du Roi Philippe avec des démonstrations inexprimables de tendresse & de joie. Il paroît que Rochefort avoit tout sacrifié au desir de combattre les Musulmans dans le fond de l'Orient; car Suger écrit que le Roi lui rendit sa charge de grand-sénéchal, à laquelle il lui permit d'associer Hugues, sire de Créci son fils. A cette grace, il en ajouta une qui n'étoit pas moins glorieuse ; il fit épouser à son fils aîné Louis qui portoit conjointement avec lui le titre de Roi des François, Luciane, fille de ce Ministre. Vers le même temps, Elisabeth de Montlhéri sa petite-niece, épousa Philippe, second fils du Roi. On peut dire que jamais famille ne parvint dans aucun Royaume à un plus haut degré de puissance & d'élévation.

Mais ce qui sembloit devoir appuyer la grandeur de cette maison

1100.

Suger in vitâ Ludovici Grossi.

sur des fondements inébranlables ; fut ce qui pensa la renverser. D'abord tous les parents du sénéchal blâmerent hautement le mariage d'Elisabeth de Montlheri avec Philippe, comte de Mante, attendu qu'elle alloit porter à son époux les biens immenses dont elle étoit l'héritiere. Miles, vicomte de Troyes, neveu de Rochefort, qui sans doute avoit compté épouser Elisabeth sa parente, n'exhala pas son ressentiment en de vaines plaintes ; il prit les armes, & vint assiéger Montlhéri, où étoient renfermées la jeune reine Luciane, la comtesse de Rochefort & Elisabeth.

A cette nouvelle, le sénéchal qui étoit à la Cour, monte à cheval transporté de fureur ; il traverse les quartiers des assiégeants, & entre dans la place suivi d'une poignée de soldats ; mais son courage lui fut moins utile que sa politique : il trouva le secret de répandre dans le camp ennemi l'esprit de vertige & de discorde : bientôt il détacha des intérêts du vicomte de Troyes, les Garlandes qui en étoient le plus ferme appui. Miles abandonné de ses alliés, s'enfuit à Troyes, & le Comte ramena sa fille en triomphe à la Cour de France.

Mais il ne jouit pas long-temps de la gloire de la voir sur le premier trône de l'Europe. Le Pape Paschal II étoit venu en France implorer la protection des deux Rois contre l'Empereur Henri V. Il convoqua un concile à Troyes : ce fut-là que les Evêques zélés pour la discipline ecclésiastique, représenterent au Pontife que le mariage du jeune Roi avec Luciane étoit illégitime & scandaleux, attendu qu'ils étoient parents au sixième degré : Luciane avoit pour quatrieme aïeule, Ledgarde de Vermandois, cousine-germaine de Hugues Capet, quatrieme aïeul de Louis. Personne n'ignore que les degrés prohibés s'étendoient jusqu'à sept : le pape auroit pu accorder une dispense ; mais il aima mieux dissoudre, en plein concile,

1107.

Orderic, l. 11.

le mariage qui n'avoit pas été consommé à cause de la jeunesse de Luciane. Elle épousa depuis Guichard, seigneur de Beaujeu, auquel elle porta tous les biens de sa maison.

Cependant le comte de Rochefort également irrité contre les deux Rois qu'il soupçonnoit avoir secrétement sollicité la sentence du pape, prend les armes ; ses amis, ses parents, au nombre desquels étoit le comte de Champagne le plus puissant de tous, unissent leurs ressentiments aux siens, & lui forment une armée. Ils auroient peut-être détrôné les deux princes sans le courage & l'activité de Louis VI: il n'eut pas plutôt appris que la faction avoit levé l'étendart de la révolte, qu'il alla assiéger le château de Gournai, défendu par Hugues de Pompone.

Suger in vitâ Ludovici Grossi.

Les assiégés se défendirent avec une vigueur surprenante. Mais bientôt un ennemi plus redoutable que Louis, la disette, les réduisit aux dernieres extrémités ; ils n'étoient soutenus que par les promesses de Rochefort qui leur faisoit espérer un puissant secours. Le comte de Champagne parut en effet avec une armée; mais ce ne fut que pour fournir la matiere d'un nouveau triomphe au jeune Roi. Louis l'attaqua avec tant de valeur, qu'il le défit entiérement. Après un si grand désastre, il fallut tomber aux pieds du vainqueur, qui se contenta de dépouiller les vaincus du château de Gournai. Le comte de Rochefort trouva le moyen de recouvrer les bonnes graces de Philippe : il exerça sa charge jusqu'à la mort de ce prince; mais il se déclara ouvertement contre son successeur ; il vouloit établir de concert avec la reine Bertrade, Philippe, comte de Mante sur le trône. Louis, après une guerre vigoureuse, triompha également du génie de Rochefort, & des artifices de Bertrade ([a]). Il conquit Mante, Montlhéri, Corbeil & le Puiset qu'il fit raser. Rochefort las

___
([a]) Bertrade mourut religieuse de Fontevrault.

enfin de tant de guerres inutiles, se soumit au Roi, avec lequel il se réconcilia sincérement. Il mourut en 1111 avec la réputation d'un homme plein de talents & de ressources. La branche de Montmorenci-Montlhéri s'éteignit en la personne d'Hugues, sire de Créci son fils, qui, comme on a vu ci-dessus, mourut moine de Cluni.

L'aîné de la maison, BOUCHARD IV, aussi fier, aussi brave que le comte de Rochefort, servit d'abord Philippe I, & Louis VI. Mais la guerre qu'il eut à soutenir contre Adam, abbé de saint Denis son voisin, lui attira l'indignation des deux princes. Il s'agissoit des limites de leurs domaines : sur les plaintes de l'Abbé qui avoit toujours été battu par Bouchard, le Roi évoqua l'affaire à son conseil composé des barons ou grands vassaux de la Couronne. Bouchard, sur la foi de ses services, se présente avec confiance ; cependant voyant qu'on alloit le condamner à réparer les torts qu'il avoit faits à l'Abbaye, il

Suger.

quitte brusquement la Cour, prend les armes, & fortifié du secours de ses parents qui étoient les plus puissants barons de l'Isle de France, il porte de nouveau le fer & le feu sur les terres de son voisin.

1101.

Le jeune Roi qui s'étoit déclaré le protecteur du Clergé, peut-être pour balancer la puissance des barons, leve une armée de François & de Flamands; il entre sur les terres de Bouchard, auquel il rend avec usure tous les maux qu'il avoit faits à l'Abbaye : ses villages furent réduits en cendres, les arbres & les moissons arrachés ; soit que le respect dû à la majesté Royale en imposât à Bouchard, soit plutôt que l'infériorité de ses forces ne lui permît point de hazarder une bataille, il se tint renfermé dans son château, d'où il eut la douleur de voir les flammes qui s'élevoient de toutes parts dans la délicieuse vallée de Montmorenci. Bientôt le Roi vint l'assiéger : Bouchard vaillamment secondé par Matthieu, comte de Beaumont, chambrier

Grandes Annales de France.

de France son-beau frere, rendit tous les efforts de l'ennemi inutiles. Louis demanda de nouveaux secours à ses voisins: Adele, comtesse de Chartres, lui envoya entr'autres un renfort de cent chevaliers; mais ce renfort ne l'empêcha pas d'être repoussé à un assaut. Il est constant que la plupart des barons qui servoient dans son armée, ne craignoient rien tant que de lui voir emporter la place. Plusieurs d'entr'eux, par une terreur affectée, l'empêcherent de vaincre à l'assaut dont on vient de parler. Cet assaut coûta la vie à Robert Créton, à Richard de Liques & à un grand nombre de braves chevaliers.

Frideric, l. 11.

Quoique Bouchard eût eu jusqu'alors de grands avantages, considérant que tôt ou tard il ne pouvoit manquer de succomber sous les efforts d'un prince dont la puissance étoit si supérieure à la sienne, il prit le parti de remettre la décision de sa querelle à l'équité du jeune Roi.

Dès que cette guerre, qui pouvoit entraîner la ruine de sa maison, eut été terminée, Bouchard se rendit à la Cour, suivi d'un grand nombre de chevaliers ses vassaux. Ils portoient tous des colliers d'or au col, d'où pendoient des médailles sur lesquelles étoit représenté un chien. Plusieurs savants ont conclu delà, que les sires de Montmorenci étoient les chefs & les fondateurs d'un ordre de chevalerie, qu'on appelloit *l'ordre du chien.*

Annales de France, Chap. 33.

Belleforest; Annales de France, L. 3. Ch. 33.

Menenius; Traité des Ordres de Chevalerie. Moreau, tableau des armoiries de France.

Quoi qu'il en soit, les deux Rois reçurent Bouchard avec l'accueil le plus distingué; ils le regardoient comme l'un de leurs plus braves & de leurs plus puissants vassaux: bientôt ils lui firent épouser Agnès (a) de Pontoise leur proche parente.

Bouchard se rendit digne de l'amitié de ses maîtres, par des services éclatants. Personne ne secon-

---

(a) Agnès de Pontoise étoit petite-fille de Dreux comte du Vexin, de Pontoise & d'Amiens, Porte Oriflamme héréditaire de France. Alix de Pontoise sa cousine germaine avoit épousé Hugues de France, comte de Vermandois, frere de Philippe I.

da avec plus de valeur Louis le Gros dans toutes les guerres qu'il eût à foutenir contre fes voifins ; mais c'eft fur-tout dans fa querelle avec Henri I, roi d'Angleterre, que Bouchard fignala le plus fon courage.

1119.

Suger in vi-tâ Ludovici Groſſi.

En 1119, le Roi étoit entré en Normandie contre le fentiment de Bouchard qui favoit que l'ennemi l'attendoit dans cette Province avec des forces fupérieures : Bouchard commandoit l'avant-garde de l'armée, qui fut toujours en France le pofte du connétable. Il avoit avec lui Gui de Clermont, & Guillaume Cliton, fils de cet infortuné Robert, duc de Normandie, dépouillé de fes Etats par fon frere Henri I, & détenu dans une horrible prifon. Guillaume, jeune prince d'environ dix-huit ans, ne refpiroit que vengeance contre l'ufurpateur. Le deffein du Roi étoit de furprendre Noyon, place fituée à trois lieues d'Andely. L'armée étoit en marche ; mais comme elle croyoit l'ennemi fort éloigné, elle n'obfervoit ni ordre, ni difcipline. Tout-à-coup les coureurs apperçoivent auprès du village de Brenneville, l'armée Angloife partagée en trois corps, qui s'avançoit fiérement à eux. Tout ce que put faire Bouchard, aidé du jeune Prince, & de Gui de Clermont, fut de ranger fon avant-garde en bataille ; cependant il foutint le choc des Anglois avec tant de fierté & de courage, qu'il les arrêta : il les attaqua à fon tour ; il enfonça les premiers efcadrons, & les renverfa fur l'infanterie. Animé *Orderic, l. 12.* par ce fuccès, Bouchard pourfuit la victoire ; il fond avec furie fur le fecond corps de l'armée Angloife, commandée par Henri en perfonne ; il porte par-tout la terreur & la mort. Le roi d'Angleterre fut bleffé dans la mêlée de deux coups de fabre fur la tête ; mais fa bleffure ne l'empêcha pas d'abattre à fes pieds Guillaume Crêpin qui l'avoit fi maltraité, & de le faire prifonnier.

Cependant les troupes du corps de bataille que Louis conduifoit en personne étoient arrivées; mais au lieu de se joindre à Bouchard pour achever la victoire, elles courent au pillage. Les soldats de l'avant-garde indignés que des gens qui n'avoient eu aucune part au danger, leur enlevassent le butin, quittent le champ de bataille pour aller piller aussi. Le roi d'Angleterre ne se fut pas plutôt apperçu du désordre des François, qu'il tombe sur eux, les met en fuite & leur enleve la victoire. Le Roi renversé de dessus son cheval, entraîné par les fuyards, & contraint de se sauver à pied, gagna seul la forêt d'Andely, où il s'égara. Enfin un guide qu'il eut le bonheur de trouver, le mit en sûreté.

Ibidem.

Pendant ce temps-là, Bouchard combattoit toujours, soit qu'il voulût donner le temps au Roi de se sauver, soit qu'il espérât que les troupes se rallieroient: vaines espérances! Après s'être long-temps défendu, il tomba entre les mains du vainqueur avec Hervé de Gisors son cousin, Gui de Clermont & les plus braves chevaliers de l'armée. On le présenta sur le champ de bataille au roi d'Angleterre, qui le reçut avec beaucoup de distinction. Bientôt il le renvoya libre avec Hervé de Gisors.

Bouchard servit encore quelque temps le roi Louis VI : il ne mourut que le 12 Janvier 1124.

1124.

Matthieu I, seigneur de Montmorenci, d'Ecouen, de Marly, de Conflans-Sainte-Honorine, d'Attichy-sur-Aine, connétable de France.

QUOIQUE les actions de MATTHIEU I. soient moins détaillées dans l'histoire que celles de Bouchard IV, il est constant que nul seigneur de son temps n'eut plus de part au gouvernement du Royaume, & à la faveur des Rois. Louis VI qu'il suivit dans toutes ses campagnes, le combla de bienfaits & de distinctions. Henri I, roi d'Angleterre, & duc de Normandie, qui le regardoit comme un chevalier accompli, le choisit pour son gendre, en lui donnant

1126.

Aline, l'une de ses filles naturelles. Ce Prince en avoit plusieurs autres ; l'une épousa Alexandre, roi d'Ecosse ; une autre, Conan le Gros, comte de Bretagne. Bientôt après la valeur, les services & la sagesse de Matthieu I, lui mériterent l'épée de connétable. La même année

1138. Alix de Savoie reine, douairiere de France, épousa, du consentement du Roi son fils Matthieu qui étoit veuf. Cette alliance dut être d'autant plus agréable au connétable, que la Reine étoit encore plus respectée par ses vertus & son mérite supérieur, que par son rang. Il est certain qu'elle conserva sur l'esprit du Roi son fils, le même empire, qu'elle avoit eu sur celui de Louis VI. C'est à cette Princesse, à Matthieu de Montmorenci son époux, au comte de Vermandois, & sur-tout

1149. au célebre Abbé Suger, que Louis VII confia le gouvernement du Royaume pendant sa funeste expédition de la Palestine.

Au reste, on ne doit point être surpris du mariage de la reine de

France avec le connétable. Anne de Ruſſie, veuve de Henri I, avoit épouſé un comte de Creſpi ; dans le même temps l'impératrice Mahaud, héritiere de l'Angleterre & de la Normandie, époufoit un comte d'Anjou. Les Grands marchoient alors, pour ainſi dire, les égaux des Rois. Louis étoit à peine de retour de la croiſade, qu'Alix ſa mere obtint de lui & du connétable ſon époux, de ſe retirer à l'Abbaye de Montmartre qu'elle avoit fondée. Elle y mourut en 1154 dans les exercices de la plus haute piété, ne laiſſant de ſon mariage avec le connétable, qu'une fille appellée Alix de Montmorenci, qui épouſa un Châtillon. Louis VII conſerva toujours pour le connétable ſon beau-pere, la plus grande conſidération. Il paroît que ce ſeigneur ne le quitta point depuis ſon retour en France ; car il n'y a preſque pas une chartre de Louis VII qui ne ſoit autoriſée du ſceau de Matthieu de Montmorenci. Le connétable ne ſurvécut que ſix ans à ſa ſeconde épouſe. Il mourut en 1160.

Hervé de Montmorenci, connétable d'Irlande, frere de Matthieu, après avoir fait l'apprentissage de la guerre sous les rois Louis VI & Louis VII, épousa Elisabeth de Meulan, fille de Robert de Beaumont, comte de Meulan, & d'Elisabeth de Vermandois, fille de Hugues de France, comte de Vermandois. Elle étoit veuve de Gilbert de Claire, comte de Pembrock, l'un des plus grands seigneurs de l'Angleterre. Ce mariage attacha Hervé de Montmorenci au service de Henri II, roi d'Angleterre. En 1171, Hervé de Montmorenci descendit en Irlande avec soixante chevaliers & trois cents archers. Il conquit la ville de Wexford, battit successivement plusieurs rois de l'Irlande. La même année, il défit un corps de trois mille Danois & Irlandois auprès de Waterford. Les exploits d'Hervé de Montmorenci lui valurent un établissement (a) immense en Irlande,

1171.

Histoire d'Angleterre de M. Smolett Tom. 3. pag. 340 & suivantes.

_____
(a) Il consistoit en deux cents villages.

& la dignité de connétable. Hervé de Montmorenci avec le comte de Pembrock son beau-fils, prit l'année suivante Waterford & Dublin. Les conquêtes de ces deux Seigneurs causerent de vives inquiétudes au roi Henri II, qui croyoit avoir tout à redouter de la puissance & de l'ambition de Pembrock. Il ordonna aux Anglois qui l'avoient suivi en Irlande, de retourner dans leur patrie. Pembrock, pour défarmer le Roi, lui remit toutes ses conquêtes. Cette conduite lui valut la dignité de sénéchal d'Irlande, & de nouveaux secours. Ascul, l'un des Rois du pays, fut battu, pris & mis à mort par les conquérants. Un acte si barbare souleva toute l'Irlande. Pembrock & Montmorenci se virent assiégés dans Dublin ; mais ils firent de si terribles sorties, qu'enfin les Irlandois leverent le siege : depuis cet événement, ils ne cesserent de vaincre. Le roi d'Angleterre se rendit lui-même en Irlande, pour recueillir le fruit des travaux &

Ibidem.

des victoires de Pembrock, de Montmorenci & de ses autres généraux. Tous les rois ou les princes de l'Isle vinrent le trouver à Dublin pour lui rendre hommage. On voyoit parmi eux Donald-O-Brian, roi de Thomond ou de Limerich; Dermot Maccarty, roi de Corcke. Henri les combla de caresses & de présents. Peu après, le clergé d'Irlande assemblé en concile à Armagh, le reconnut en qualité de son souverain légitime : c'est ainsi qu'en vertu des bulles des Papes, Alexandre III & Adrien IV, & par la valeur héroïque d'une poignée de chevaliers, l'heureux Henri II se vit possesseur d'une des Isles les plus grandes & les plus fertiles de l'Europe.

De retour en Angleterre, Henri attaqué à la fois par la France, l'Ecosse & son propre fils, rappella d'Irlande le comte de Pembrock avec presque toutes les troupes Angloises. Le départ de Pembrock fut le signal d'une révolte générale. Le connétable Hervé de Montmorenci resté presque seul dans le pays, se conduisit en grand capitaine: il conserva les principales Villes, jusqu'à ce que Pembrock étant venu à son secours, les Insulaires peu aguerris, mal armés, à demi-sauvages, furent battus dans tous les combats qu'ils oserent livrer. Après ce malheureux & dernier effort en faveur de la liberté, les Irlandois prirent le parti de la soumission.

Cependant Hervé de Montmorenci, ce guerrier si fier, si illustre par ses exploits, qui avoit passé toute sa vie dans le tumulte & l'agitation des armes, détrompé du faux éclat des honneurs, des richesses & de la gloire, embrassa le parti de la retraite : il alla s'enfermer dans un Monastere à Cantorbéri. On prétend que le regret qu'il eut de la mort de Neste, sa seconde femme, petite fille de Rese le grand, Roi ou prince de Galles, lui fit prendre une si étrange résolution. Quoi qu'il en soit, il ne laissa point d'enfants : ses domaines en Irlande ont passé à la maison d'Or-

Histoire d'Angleterre de Smolett, tom. 3. page 342.

mond, à qui ils appartiennent encore.

BOUCHARD V, sire de Montmorenci, parut à la Cour avec plus d'éclat qu'aucun de ses ancêtres. Sa suite étoit presqu'aussi nombreuse que celle du Roi. Il étoit toujours accompagné de trente ou quarante chevaliers, au nombre desquels on en comptoit plusieurs issus des meilleures maisons du Royaume, tels qu'Adam de Melun, Gui de Torotte, Thibaud de Villers, Henri de Banterlu, Henri Dumesnil, Baudoin d'Andilly. Bouchard, à l'exemple de ses ancêtres, prenoit la qualité de sire de Montmorenci par la grace de Dieu. Etoit-ce par un sentiment de piété, ou par une vaine affectation de grandeur & d'indépendance ? Tout ce qu'il y a de vrai, c'est que nul baron en France ne fut plus fidele à ses Rois. Au courage de ses peres, Bouchard allioit la magnificence, la galanterie, l'adresse & la piété. Il étoit compagnon d'armes de ce fameux Raoul

1156.
Histoire de la maison de Montmorenci, par Duchesne.

Annales de Hainault, tom. 3. liv. 13. chap. 4.

de Couci, dont les amours (a) avec la Dame de Fayel font si touchantes & si tragiques. La naissance & la réputation du sire de Montmorenci lui méritèrent l'alliance de Laurence de Hainault, fille de Baudoin III, comte de Hainault, & d'Alix de Namur, descendue en droite ligne de Charlemagne par Ermengarde, comtesse de Namur, fille de l'infortuné Charles de France, duc de Lorraine, exclus du trône par Hugues Capet : c'est par cette alliance que tous les Montmorenci ont l'honneur de descendre de Charlemagne.

Quelque temps après, Louis VII fit épouser à Philippe son fils & son

---

(a) Personne n'ignore que Raoul de Couci passa dans la Terre-Sainte, le cœur rempli de la plus grande passion pour la Dame de Fayel. Blessé à mort dans un combat, il ordonna, avant que d'expirer, à son écuyer de porter son cœur à sa maîtresse. Le gentilhomme fidèle à la dernière volonté de son maître, fut surpris & découvert en voulant exécuter ses ordres. Fayel, le poignard sur la gorge, lui arracha son funeste secret. Qui le croiroit ! Cet homme barbare & impitoyable fit servir à son épouse le cœur de son amant : elle n'en eut pas plutôt mangé, qu'il lui apprit de quel affreux mets elle venoit de se nourrir. La malheureuse Fayel expira d'horreur & de désespoir.

héritier Yolande de Hainault, niéce de Laurence. On prétend qu'il fut moins déterminé à cette alliance, parce que la Princesse étoit issue du sang de Charlemagne, le plus noble qu'il y eût dans l'Univers, que parce qu'elle lui assûroit l'appui des maisons de Montmorenci & de Couci, les plus puissantes de ses Etats. Au reste, de l'aveu de tous les Historiens, jamais les François n'applaudirent avec plus de transport au mariage d'aucun de leurs Rois. Mais ils ne mirent plus de bornes à leur joie, lorsque la jeune Reine eut accouché d'un Prince, qui depuis régna sous le nom de Louis VIII. Les fêtes durerent un mois entier : la nation ne savoit comment exprimer le plaisir qu'elle ressentoit de voir le sang des grands Rois, (car c'est ainsi qu'on appelloit Charlemagne & ses enfants,) animer le Prince qui devoit lui donner des loix.

Cependant Bouchard, à qui cette alliance donnoit la plus haute considération signaloit sa valeur dans

1180.

Annales de Belleforêt, liv. 3. ch. 58.

les combats, son adresse dans les tournois, & sa piété dans les libéralités dont il combla les Monasteres voisins de ses terres. Il fit bâtir une chapelle dans son château de Montmorenci, que l'Archevêque de Tarentaise, légat du saint Siege en France, vint lui-même consacrer.

Bouchard se croisa avec Philippe Auguste ; mais la mort le surprit à la veille de son départ. Il voulut être enterré à l'Abbaye du Val auprès de la Princesse son épouse, morte huit ans auparavant.

MATTHIEU de Montmorenci, sire de Marly, de Verneuil & de Montreuil-Bonnin, de Picauville, frere de Bouchard V, fut l'un des héros de ce siecle. Dès sa plus tendre jeunesse, il servit les Rois Louis VII & Philippe Auguste. En 1189, il prit la croix avec ce dernier : dans le trajet, il perdit ses équipages. Le Roi, pour le dédommager de cette perte, lui donna trois cents onces d'or. Matthieu fit des prodiges au siege d'Acre, où il perdit Josselin de Montmorenci,

1189.
Rigord en la vie de Philippe Auguste.

son neveu. De retour en France, Matthieu fut un des Généraux François qui contribua le plus à la conquête de la Normandie & du Poitou. Le Roi pénétré de reconnoissance des services de Matthieu, le combla de graces & de bienfaits : il lui donna les châtellenies de Montreuil-Bonnin en Poitou, & de Picauville en Normandie. Pour entrer dans le détail des exploits de Matthieu, il faudroit suivre Philippe Auguste dans toutes ses expéditions. On se contentera de dire qu'au combat d'Arques livré par le Roi en 1194 aux Anglois, Matthieu de Marly s'attacha dans la mêlée au comte de Leycestre, surnommé l'Achilles de l'Angleterre. Il en reçut un coup de lance à travers les cuisses ; mais quoique dangereusement blessé, Matthieu combattit son redoutable adversaire avec tant de courage & d'adresse, qu'il le renversa de cheval, & le força à se rendre prisonnier.

Sa valeur fut moins heureuse au combat

1194.
Guillaume le Breton, au liv. 4. de sa Philippide.

Du Tillet, Traités entre les Rois de France & d'Angleterre.

combat de Gisors : on sait que Philippe Auguste fut surpris & battu par Richard Cœur-de-lion, dont les exploits à la Terre-Sainte, la force & le courage tiennent du prodige. Quelque danger qu'il y eût à combattre ce Prince, Matthieu l'attaqua, dans l'espérance que s'il pouvoit venir à bout de le blesser, ou de le prendre, cet avantage tiendroit lieu d'une victoire signalée. La fortune ne seconda pas son courage ; il fut lui-même renversé de dessus son cheval, blessé & pris par le roi d'Angleterre : plusieurs autres chevaliers françois eurent le même sort. Richard dans une lettre écrite à Philippe, évêque de Durham, ne s'applaudit gueres moins de cet exploit, que de la victoire même. Matthieu, dont le roi d'Angleterre redoutoit la valeur & les talents militaires, ne fut élargi que deux ans après le combat de Gisors, en vertu d'une treve conclue entre les deux nations. Matthieu devenu libre, mais incapable de soutenir

1198.

Rigord en la vie de Philippe Auguste.

Matthieu, vie de Richard I.

le repos; au défaut des combats, cherchoit à signaler dans les tournois, sa force, son adresse & son courage. En 1202, il se rendit avec l'élite des barons françois à un tournoi qui étoit indiqué entre Bray & Corbie. Dans le temps qu'on n'étoit occupé que de combats & de spectacles, arrive Foulque de Neuilly, Prédicateur célebre. Cet homme qui marchoit à grands pas sur les traces du fameux Pierre l'Hermite, prétendoit tourner les armes qu'il voyoit entre les mains des chevaliers, contre les Musulmans; mais ce dessein étoit moins facile que du temps de Godefroi de Bouillon; car quoiqu'il promît au nom du Pape la rémission des péchés à tous ceux qui s'enrôleroient sous l'étendart de la croix; quoiqu'il ne leur imposât pour pénitence, que de suivre leurs passions dominantes, la guerre & le pillage; les mauvais succès des dernieres émigrations, la mort de deux ou trois cents mille François dont le sang fumoit encore dans

1202.

Geofroi de Villehardouin liv. 1.

les plaines de l'Afie (ᵃ), commençoient à faire redouter ces pieufes & terribles expéditions. Cependant Foulque de Neuilly peu effrayé des obftacles qu'il avoit à combattre, monte fur un échafaud, & prêche la croifade avec tant de feu & de zele, qu'il communique toute fon ardeur à ceux qui l'entendent.

Thibaut V, comte de Champagne, Matthieu de Montmorenci, Simon de Montfort, le fire de Couci, Gauthier de Brienne demandent la croix à grands cris. Leur exemple eft fuivi des plus braves chevaliers du Royaume : mais foit que le fouvenir des défaftres qu'on avoit éprouvés, étonnât la plupart de ces nouveaux croifés, foit que Philippe Augufte, qui avoit conçu le projet de chaffer les Anglois de la Normandie, de l'Anjou, de la Touraine, du Poitou, de la Guienne, ne voulût pas confentir à fe priver du fecours de la plûpart de fes chevaliers, fans lefquels il lui étoit impoffible de vaincre ; il s'écoula plusieurs années sans qu'on pût assembler une armée. Le projet auroit échoué si Matthieu de Marly, Simon de Montfort & Geofroi de Villehardouin n'eussent applani toutes les difficultés. Ils avoient élu pour chef de l'expédition le comte de Champagne. Ce Prince étoit mort ; nul autre en France ne paroissoit disposé à le remplacer. Matthieu de Marly & Simon de Montfort, pour qui la paix étoit un état violent, parcoururent en vain la plûpart des Cours de la France, pour trouver un Généralissime. Enfin sur le refus du duc de Bourgogne & du comte de Bar, ils choisirent le marquis de Montferrat. Celui-ci transporté de l'honneur qu'on lui déféroit, accourut à Soissons. Les principaux chefs après lui, étoient Baudouin, comte de Flandres, Henri son frere, le comte de Saint-Paul, Matthieu de Marly, Simon de Montfort, le sire de Couci, Joinville & Villehardouin. On entrera d'autant plus volontiers dans le détail de cette expédition, que c'eſt la plus grande & la plus heureuſe qu'aient jamais entrepris les chevaliers françois. Les Généraux éclairés par l'expérience du paſſé, ne jugerent pas à propos de parcourir quinze cents lieues de pays à travers des nations inquietes, jalouſes & belliqueuſes, pour ſe rendre en Paleſtine. On réſolut de s'embarquer : mais on manquoit de vaiſſeaux & de vivres ; il fallut avoir recours à la République de Veniſe, alors la ſeule puiſſance maritime de l'Europe. On envoya donc ſix chevaliers à Veniſe : tels étoient le zele & la franchiſe de ces bons chevaliers, qu'ils laiſſerent le ſénat maître des conditions. Le Doge Dandolo plus fin, plus délié que tous les barons de France, ne ſe piqua point d'honneur ; il exigea quatre-vingt-cinq mille marcs d'argent pour tranſporter ſur les côtes de Syrie, quatre mille cinq cents chevaliers, neuf mille écuyers & vingt mille hommes de pied, & les nourrir pendant

Ibidem.

quatre mois. Cependant, pour prévenir les reproches de dureté & d'avarice que toute l'Europe étoit en droit de lui faire, il promit de seconder les croisés avec une flotte de cinquante galeres, à condition toutefois qu'il partageroit également avec eux les conquêtes qu'on devoit faire.

Histoire de Venise, tome 2. page 171 & suiv.

Villehardouin.

Quelqu'avantageux que fût ce traité, le sénat avant que de congédier les députés, voulut qu'il fût approuvé dans une assemblée du peuple. Le maréchal de Champagne qui étoit à la tête de l'ambassade, harangua la multitude : il lui représenta que ses collegues & lui étoient envoyés par les plus puissants Princes du royaume de France, qui avoient résolu de périr, ou de délivrer la Sainte Cité, qu'ils demandoient l'appui des Vénitiens, comme d'un peuple généreux, puissant & capable de les seconder, & qu'ils ne sortiroient point de Venise sans l'avoir obtenu. A ces mots Villehardouin & les autres députés se jettent à genoux, tendent les mains vers l'assemblée, & protestent avec de grands cris qu'ils ne se releveront point que le peuple ne leur ait accordé son alliance. Une action si zélée, si pathétique, si simple, fit sur l'esprit de la multitude l'impression la plus touchante. On lut le traité qui fut approuvé avec toutes les démonstrations de la joie la plus vive.

L'armée françoise se mit en route dès le commencement du printemps; elle arriva vers les fêtes de la Pentecôte à Venise, comptant s'embarquer, comme on en étoit convenu dans le cours du mois de Juin; mais les Vénitiens refuserent de fournir les vaisseaux avant que d'avoir reçu les 85 mille marcs d'argent. Les chefs des croisés s'épuiserent pour les trouver; ils vendirent leur vaisselle d'or & d'argent; mais malgré tous leurs efforts, il s'en falloit encore près de trente mille marcs d'argent que la somme ne fût complette.

1202.

Le Doge Dandolo qui avoit les plus grandes vues pour les intérêts de sa patrie, proposa aux croisés de seconder Venise dans la conquête de Zara. Il leur promettoit à cette condition de n'exiger les trente mille marcs d'argent, qu'après leur expédition dans la Terre-Sainte, & de se croiser lui-même, quoiqu'il eût quatre-vingt-dix ans & qu'il fût aveugle. Les chefs acceptent la proposition sans balancer: ce qu'il y a d'étonnant, c'est qu'on attaquoit le roi de Hongrie, maître de Zara, croisé lui-même, & qu'on se mocquoit des foudres du Pape qui avoit menacé les François de les excommunier, s'ils osoient faire la guerre à tout autre peuple qu'aux Musulmans. C'est ainsi que sous l'étendart de la croix on bravoit les ordres, les menaces & les foudres du Pape.

Arrivés vers la S. Martin devant Zara, la discorde se répand parmi les croisés françois. L'abbé de Vaux-le-Sernai, qui avoit toute la confiance du Pape, se présente devant les chefs de l'armée, & leur dit avec hauteur: *Je vous défends de la part du souverain Pontife, d'attaquer*

1203.

Histoire de Venise, tome 2. page 184.

cette ville : elle appartient à des chrétiens, & vous êtes croisés. En même temps il voulut lire les lettres d'Innocent III, qui défendoient le siege de Zara sous peine d'excommunication ; mais peu s'en fallut que le bon Abbé ne fût mis en pieces : il ne dut la vie qu'à Simon de Montfort qui le prit sous sa protection. La prise de Zara n'arrêta les croisés que cinq jours. On devoit ensuite cingler vers l'Egypte, & commencer l'expédition par la conquête de ce Royaume ; mais Dandolo qui méditoit les projets les plus profonds & les plus ambitieux, persuada aux croisés d'hiverner en Dalmatie, attendu que la saison étoit trop avancée. L'orage qui menaçoit les Musulmans, devoit accabler Constantinople.

Le siege de Zara étoit à peine terminé, qu'on vit arriver dans le camp Alexis, fils d'Isaac l'Ange, empereur de Constantinople, détrôné, aveuglé & chargé de fers par un frere parricide. Il venoit implorer la protection des croisés,

Villehardouin.

pour punir un tyran fouillé de crimes, détefté du ciel & de la terre. Les graces du jeune Alexis, fon éloquence, fes prieres, fes larmes & fes malheurs, toucherent la plupart des croifés ; mais de ftériles marques de compaffion euffent peut-être été le feul fruit du voyage du jeune Prince, s'il n'eût ébloui les chefs de l'armée par de magnifiques promeffes. Il jura par tout ce qu'il y avoit de facré, que fi les François & les Vénitiens rétabliffoient Ifaac l'Ange fur le trône, fon premier foin feroit de remettre l'empire d'Orient fous le joug de l'Eglife Romaine, de payer deux cents mille marcs d'argent aux croifés, de les fournir de vivres ; & enfin de fe joindre à eux avec toutes les forces de l'Orient, pour chaffer les Mufulmans de l'Afie.

Les offres du jeune Prince furent reçues diverfement : les principaux chefs entre lefquels étoit Matthieu de Marly, jurerent à leur tour de mourir plutôt que de laiffer les forfaits de l'ufurpateur impunis. D'autres tremblants à la voix du Pape, aimerent mieux remplir leurs vœux. Le comte de Montfort qui vouloit devenir Souverain par son courage & la faveur de Rome, se mit à leur tête, & partit pour la Palestine.

Cependant l'armée des croisés forte de quarante mille hommes, arrive devant Constantinople. Cette ville immense, l'une des plus riches & des plus opulentes du monde, outre les troupes impériales, renfermoit dans son enceinte plus de quatre cents mille hommes en état de porter les armes. Sa situation en même temps la plus avantageuse & la plus agréable de l'Univers, une double enceinte de murs d'une hauteur & d'une largeur prodigieuse, défendue par plus de quatre cents tours, la haine des citoyens contre les Latins, la valeur de l'usurpateur qui avoit autrefois gagné des batailles, & qui combattoit pour son trône & sa vie ; tout concouroit à faire regarder cette expédition comme téméraire & impossible ; mais les croisés croyoient qu'il

1203.

n'y avoit rien d'impossible à leur audace.

Villehardouin, liv. 2.

La flotte débarque à Calcédoine: cette ville est emportée & pillée; delà l'armée s'avance par terre à Scutari vis-à-vis l'endroit qu'on appelle aujourd'hui la pointe du ferrail. L'Empereur étoit venu à la tête de son armée camper de l'autre côté du Bosphore pour en défendre le passage. Un détachement considérable qu'il envoye pour tomber sur les fourageurs, est battu & dissipé par quatre-vingts chevaliers françois. Il n'en fallut pas davantage pour abattre le courage d'Alexis. Ce scélérat oubliant ses exploits, son rang, dépêche aux chefs des croisés un gentilhomme Italien qui leur parle ainsi de sa part: *L'Empereur sait que vous êtes les plus grands Seigneurs après les Rois &*

1203.

du meilleur pays; mais il ne comprend pas que vous soyez venus l'attaquer, puisque vous êtes chrétiens & lui aussi. Il n'ignore pas que c'est pour conquérir la Terre-Sainte que vous êtes sortis de votre patrie : si vous avez besoin de secours, il vous fournira des vivres & de l'argent; mais si vous vous obstinez à rester dans ses États, apprenez que nul d'entre vous, quand vous seriez vingt fois autant, n'échappera à son épée ou à ses fers.

On renvoya au tyran son ambassadeur, en se mocquant de lui. On tint ensuite un grand conseil dont le résultat fut d'attaquer en même temps l'armée d'Alexis qui bordoit le rivage opposé à Scutari, & le port de Constantinople. Les François furent chargés de la premiere expédition, & les Vénitiens de l'autre.

Le 8 Juillet à la pointe du jour, l'armée françoise se distribue en six corps : le premier qui formoit l'avant-garde étoit commandé par le comte de Flandres ; Matthieu de Montmorenci, Henri, frere du comte de Flandres, les comtes de Blois & de Saint-Paul étoient à la tête du corps de bataille, séparés en quatre divisions. Le marquis de Montferrat avoit sous ses ordres l'arriere-garde. Il s'agissoit de franchir un bras de mer de plus d'une demi-lieue de large, & de descendre sur un rivage défendu par l'Empereur en personne à la tête d'une armée dix fois plus nombreuse que celle des François.

Ibidem. Les barons, les chevaliers, les gendarmes montent sur des bateaux plats, & s'avançent au son des trompettes & des clairons. Les généraux avoient posté à droite & à gauche de longues barques remplies d'archers ; venoient ensuite les galeres & les gros vaisseaux. On étoit encore assez éloigné du rivage, lorsque l'air fut obscurci par une nuée effroyable de fleches: Les généraux n'attendirent pas qu'on eût touché le bord, pour se jetter dans la mer ; tous les chevaliers suivent leur exemple ; on s'avance à l'ennemi dans l'eau jusqu'à la ceinture ; on fond sur lui ; & en moins de quelques minutes, on l'enfonce, on le met en déroute, on le poursuit jusqu'au camp qui est emporté.

Le lendemain la garnison du château de Galata fit une sortie ; mais elle fut repouffée, mife en fuite & forcée dans le château même. Les Vénitiens eurent le même fuccès à l'attaque du port de Conftantinople.

Cependant on dirigeoit les machines pour faire breche au corps même de la place ; mais l'impatience & l'audace des François ne leur permirent point d'attendre que la breche fût praticable pour livrer l'affaut. Les Vénitiens furent chargés d'infulter la ville du côté du port ; & les François, du côté du palais des Blaquernes. Le Doge Dandolo, après un combat furieux, s'empare d'une tour ; mais les François qui eurent à combattre l'Empereur en perfonne, furent moins heureux. Après une longue & fanglante action, voyant le nombre des ennemis s'augmenter, ils jugerent à propos de fe retrancher au pied de la colline des Blaquernes : quoiqu'ils ne fuffent qu'une poignée de foldats, jamais les Grecs n'oferent entreprendre de les chaffer de ce pofte.

1203.

La terreur & le tumulte étoient si grands dans la ville, qu'Alexis n'ofant mourir en Empereur, s'enfuit avec fes tréfors. Il trouva un afyle à Zagora en Thrace: le bruit de fon évafion n'eut pas été plutôt divulgué, que les habitants courent à la prifon où étoit détenu l'infortuné Ifaac. Ils brifent fes chaînes, & le portent fur le trône. Pendant ce temps-là quelques citoyens s'étoient rendus au camp des affiégeants, pour annoncer au jeune Alexis la fuite de l'ufurpateur, & l'inviter à monter fur le trône avec fon pere; mais les Grecs étoient fi décriés du côté de la franchife & de la bonne-foi, que les croifés foupçonnerent que c'étoit un piege. On arrête les députés, on s'arme, on fe range en bataille, on prépare les machines pour livrer un nouvel affaut. Cependant, avant que de marcher, on jugea à propos d'envoyer quatre chevaliers pour s'informer de la vérité d'un fait auquel on ne pouvoit ajouter foi. On conçoit quels furent les tranfports de joie

joie du Prince & des croisés, lorsque les députés vinrent leur confirmer cette grande nouvelle. Le premier soin du vieil Empereur fut de s'associer son fils à la souveraine puissance, & de confirmer le traité qu'il avoit conclu avec les croisés.

Ceux-ci n'attendoient plus, pour passer en Asie, que l'argent, les vivres & les troupes qui leur avoient été promis ; mais le jeune Alexis leur ayant représenté que son trône étoit encore chancelant ; que son oncle maître de la Thrace avoit un puissant parti dans l'Empire ; que s'ils l'abandonnoient, il deviendroit la proie des factieux ; que d'ailleurs il lui seroit impossible de remplir les conditions qu'il s'étoit imposées à lui-même, à moins qu'ils n'achevassent de réduire les provinces rebelles. On se vit obligé d'aller combattre encore en Thrace ; la ville d'Andrinople assiégée par une poignée de François, fut obligée de se soumettre.

1203.

Cependant l'hiver étoit écoulé, & le jeune Alexis chargé seul du fardeau du Gouvernement à cause de la vieillesse & des infirmités de son pere, oublioit dans le sein de la molesse & des plaisirs les vastes promesses qu'il avoit prodiguées à ses protecteurs. De deux cents mille marcs d'argent qu'il s'étoit engagé de payer, les croisés n'en avoient pas reçu la moitié : cependant on avoit enlevé de toutes les Eglises les vases sacrés. Les Grecs ne voyoient qu'avec une douleur mêlée de rage, les Latins s'enrichir des dépouilles de l'Empire. L'horreur qu'ils avoient conçue contre les croisés, rejaillit jusques sur l'Empereur même : on lui reprochoit la ruine de sa patrie, la lâcheté avec laquelle il se laissoit opprimer par une poignée de brigands & de barbares. Car c'est ainsi que les Grecs fiers de la gloire de leurs ancêtres & de la supériorité de leurs connoissances, traitoient les croisés ; mais pour parler ainsi, il eût fallu les égaler en courage & en discipline militaire.

Ceux-ci de leur côté frémissoient

d'indignation en voyant l'Empereur manquer à la plûpart de ses engagements; mais ils ne mirent plus de bornes à leur ressentiment, lorsqu'ils crurent s'être apperçus que les Grecs ne cherchoient qu'à les surprendre: persuadés qu'Alexis agissoit de concert avec ses sujets, ils en seroient venus dès-lors aux dernieres extrémités; mais ces peuples que les Grecs appelloient barbares, avoient encore plus de vertus qu'eux; ils connoissoient les loix de la guerre; la surprise & la perfidie leur étoient odieuses: avant que d'attaquer l'Empereur, ils lui envoyerent une célebre ambassade pour le défier. Matthieu de Montmorenci étoit à la tête de cette ambassade composée de trois barons françois, & de trois nobles Vénitiens. C'étoit lui qui étoit chargé de la dangereuse commission de braver l'Empereur jusques sur son trône. Il s'en acquitta avec toute la fierté qu'on devoit attendre du ressentiment d'un des chefs de la croisade. Il parla à l'Empereur Grec,

Villehardouin, liv. 2.

comme autrefois Brennus aux Romains vaincus & assiégés dans le capitole : *Seigneur*, lui dit-il, *c'est pour la derniere fois que nous venons vous sommer de remplir vos engagemens : apprenez que si vous n'êtes pas fidele au traité conclu avec nous, ces mêmes armes qui vous ont élevé au trône, vous en feront descendre : dès maintenant nous vous regardons comme notre ennemi : nous n'avons pas voulu commencer la guerre, sans vous l'avoir déclaré, selon l'usage de notre pays, par un défi solemnel. C'est à vous maintenant à vous résoudre, & à voir quel parti vous devez prendre, ou de payer, ou de combattre.*

Histoire de Venise, tome 2. page 244. & suiv.

L'Empereur étonné de la hauteur, du courage bouillant & de la colere qui paroissoient sur le visage & dans les yeux du chef de l'ambassade, ne savoit que répondre ; mais les grands dont la salle étoit remplie, indignés, furieux, s'écrient que la majesté des Empereurs est violée, qu'on les insulte jusques sur leur trône. Matthieu & ses collegues se retirerent, en laissant tomber de toutes parts des regards de mépris & d'indignation.

A peine étoient-ils partis, que les Grecs forment le projet de brûler la flotte Vénitienne. Si ce dessein eût réussi, ces fiers croisés dénués de vivres, de munitions, & de toute ressource, demeuroient à la merci d'un peuple qu'ils traitoient avec tant de mépris. Dix-sept brûlots remplis de toutes sortes de matieres combustibles, & sur-tout de ce feu grégeois dont la propriété étoit d'acquérir dans l'eau une nouvelle activité, s'avancent vers la flotte, poussés par un vent impétueux, vomissant de toutes parts d'horribles tourbillons de flamme & de fumée. Constantinople entier étoit accouru sur ses remparts, pour jouir du plus terrible spectacle; mais les matelots des croisés se jettent avec courage dans des esquifs. Ils marchent hardiment au devant des brûlots, les acrochent les uns après les autres, & les remorquent jusqu'à l'extrémité du canal, d'où le vent les jetta dans la Propontide.

1204.

Mais dans le temps que l'Empereur ne cherchoit qu'à faire périr ses anciens & terribles protecteurs, lui-même fut détrôné & massacré par son ministre, son favori & son parent. Ce scélérat appellé Alexis Ducas, & surnommé Mursuphle, parce qu'il avoit les sourcils élevés & épais, cherchoit depuis long-temps à monter sur un trône souillé de sang. C'étoit lui qui avoit conseillé à l'Empereur de dépouiller les Eglises pour satisfaire les croisés : c'étoit lui qui ensuite l'avoit engagé à se défaire de ses hôtes redoutables. Lorsqu'il l'eut rendu également odieux à ses sujets & à ses alliés, il crut que c'étoit-là l'instant de lui arracher impunément la couronne & la vie. Il fait courir le bruit qu'Alexis traite avec les François, pour leur livrer Constantinople. Le peuple ému & furieux, se souleve ; il demande à grands cris qu'on lui donne un Empereur qui ne soit point traître à la patrie & esclave des barbares. Mursuphle, pendant ce tumulte, se fait donner

1204.

la commission d'aller négocier auprès des croisés. La négociation du traître transpire, la fureur du peuple augmente, il assiege le palais; pendant la nuit, Mursuphle revenu du camp, vole à l'appartement du jeune Prince auquel il feignoit toujours d'être tendrement attaché. Il l'enleve de son lit, mais ce ne fut que pour le conduire dans une sombre prison, où il lui attacha lui-même les fers aux pieds & aux mains.

Pendant ce temps-là, le palais est forcé, & le vieil Empereur qui étoit malade dans son lit, expire de douleur & d'effroi: heureux de perdre la vie avant que de voir les malheurs de sa famille & de son empire. *Ibidem.*

Cependant Mursuphle se présente au peuple, auquel il fait entendre qu'il l'a délivré de la tyrannie; &, aussi-tôt ses partisans qui étoient les chefs de la sédition, le proclament Empereur. A peine a-t-il reçu les hommages des rebelles, qu'il vole à la prison d'Alexis,

& l'étrangle de ses propres mains. Ce monstre encore teint du sang de son bienfaiteur, n'eut pas honte de soutenir qu'il étoit mort naturellement; il lui fit faire des funérailles magnifiques où il eut le courage d'assister.

Le crime & la révolution en parvenant aux croisés, les pénétrerent d'horreur & de compassion. Tous s'écrient qu'il faut venger le sang du jeune Alexis, & délivrer la terre d'un parricide qui en est l'opprobre. Les évêques même oubliant tout-à-coup l'objet de leur mission, sont les premiers à encourager les chefs & les soldats à punir le tyran & ses complices; ils attachent à cette guerre les mêmes indulgences qu'à celle contre les Musulmans. L'armée entreprit donc pour la seconde fois le siege de Constantinople. Cette expédition devenoit d'autant plus difficile, que les troupes étoient extrêmement diminuées, & qu'il n'y avoit pas un citoyen dans Constantinople, qui ne fût prévenu contre les croisés

Villehardouin.

croifés d'une haine mortelle. Il eft conftant qu'avec plus de difcipline & fur-tout de braves chefs ; jamais les croifés n'auroient pris la capitale de l'Empire; en effet il fe livra une infinité de combats fous les murs de Conftantinople dans lefquels les François ne furent pas toujours vainqueurs. Ils furent repouffés à plus d'un affaut : c'eft avec cette alternative de fuccès & de revers qu'on combattit pendant fix jours ; mais quoique l'armée des croifés fut réduite à vingt mille hommes, quoique jufqu'ici elle fe fût confumée en d'inutiles efforts, fon courage fut toujours le même ; elle avoit réfolu de vaincre ou de périr : la fortune enfin feconda fon audace.

Le lundi 12 Avril, quoique la breche ne fût point praticable, ils livrent un nouvel affaut du côté du port. Après un long & furieux combat, on emporte quatre tours, les François & les Vénitiens à l'envi les uns des autres, fe jettent dans la ville, & pénétrent affez loin ;

mais la nuit les arrêta; ils mirent le feu aux maisons qui pouvoient interrompre la communication des différents corps: l'incendie fit de si grands progrès, qu'il consuma une partie de cette ville également magnifique & florissante.

1204.

Telle étoit l'horreur que les malheureux citoyens de Constantinople avoient conçue contre les croisés, qui de l'extrémité de l'Europe leur apportoient des fers, que quoiqu'ils les vissent maîtres d'une partie de la ville, que le feu ravageât l'autre, & que Mursuphle aussi lâche que barbare, les eût abandonnés, aucun d'eux ne parloit de capituler. Ils élurent même un autre Empereur: c'étoit Théodore Lascaris; mais celui-ci peu flatté d'un si dangereux honneur, s'enfuit pendant la nuit même à Nicée en Bithynie.

Le lendemain au lever de l'aurore, les Grecs en appercevant la grandeur de leur perte, furent épouvantés. La nouvelle de l'évasion du nouvel Empereur acheva de répandre le trouble, le désordre

& l'effroi. Ils ne fongerent plus qu'à fléchir la colere du vainqueur; ils s'avancent donc en proceſſion avec les croix, les bannieres, les reliques & tout ce que la religion offre de plus ſacré. A ce ſpectacle accompagné de cris & de gémiſſements, les chefs des croiſés parurent attendris; ils conſentirent de laiſſer aux vaincus la vie & la liberté; mais la ville fut livrée au pillage. La nouvelle Rome éprouva de la part des François, tout ce que l'ancienne avoit éprouvée de celle des Goths & des Vandales. Malgré la parole & l'exemple peut-être des généraux, il y eut beaucoup de meurtres, de viols & de ſacrileges : le butin fut prodigieux. On prétend que la part ſeule des ſeigneurs François monta à plus de quatre cents mille marcs d'argent. Il eſt conſtant que Conſtantinople emportée depuis d'aſſaut par les Turcs, ſouffrit moins d'horreurs : mais l'armée Turque étoit ſous les ordres d'un Sultan abſolu, reſpecté; celle des chrétiens, obéiſſoit à vingt chefs différents.

Au reste, Matthieu de Montmorenci acquit une gloire immortelle dans cette fameuse expédition. Il fut un des généraux qui signala le plus son courage & ses talents militaires ; mais les fatigues du siege abrégerent ses jours. Il mourut dans le sein même de la victoire, & à la veille de partager avec les autres chefs les débris de l'Empire, qui fut misérablement déchiré & démembré. On sait que plusieurs seigneurs François fort inférieurs à Matthieu en naissance & en réputation, eurent pour leur partage des Royaumes ou de grandes Provinces.

Villehardouin, liv. 3.

L'armée victorieuse regarda la mort de Matthieu comme une des plus grandes pertes qu'elle pût faire. Elle couvrit de larmes & de fleurs le tombeau de ce héros qui fut enterré en l'Eglise de saint Jean de Jérusalem. C'est ainsi que Geoffroi de Villehardouin, maréchal de Champagne, à qui ses exploits dans cette guerre valurent la couronne d'Achaïe, s'exprime sur la mort de Matthieu : *Lors avint une moult mé-*

Ibidem.

ſaventure dans l'oſt * que Mahius de · *L'armée*
Montmorenci qui ere * un des meillors · *eſt*
chevaliers del Roiaume de France &
des plus priſiés & des plus amés fu mors,
& ce fu grant diels & grant dommages ;
un des greignors * qui aveinſt en l'oſt · *plus grands*
d'un ſol homme. *malheurs.*

Matthieu de Marly avoit épouſé Mahaud de Garlande, petite-fille de ces fameux Garlandes qui avoient été ſi long-temps grands-ſénéchaux de France. La poſtérité de Matthieu ſe montra digne d'un tel pere. Bouchard de Montmorenci ſon fils aîné, fut un des chevaliers qui contribua le plus aux ſuccès de Simon de Montfort dans la guerre contre les Albigeois. Il partagea avec lui les dépouilles des vaincus, & eut, entr'autres terres dans le diocèſe de Carcaſſonne, les châtellenies de Saiſſac & de ſaint Martin. Bouchard battit les Albigeois près de Cabaret; mais en les pourſuivant avec trop de chaleur, il fut ſurpris & fait priſonnier. Au retour de ſa priſon, qui dura ſeize mois, il fut aſſiégé dans Caſtelnaudary avec Simon de Montfort & Gui de Levis, maréchal de la foi. Montfort, malgré son courage, craignant d'être forcé, envoya Bouchard & Levis vers Narbonne & Lavaur, pour rassembler quelques troupes. Ces deux chevaliers sortent de la place, & exécutent les ordres de leur général ; mais comme ils approchoient de Castelnaudary, ils trouverent le comte de Foix qui les attendoit avec une armée considérable. A la vue du comte, ils furent abandonnés de la plupart de leurs soldats : cependant quoiqu'il ne leur restât qu'une poignée de combattants, & que l'armée du comte de Foix fût trente fois plus nombreuse, ils jugerent à propos de l'attaquer ; ils se préparerent au combat par la confession & la communion : tous les soldats suivirent leur exemple : le succès fut tel qu'on n'en vit jamais de plus décisif. Montfort qui accouroit à leur secours, n'étoit pas encore arrivé, que l'armée du comte de Foix étoit déja taillée en pieces.

Histoire des Albigeois par Pierre Moine du Vaux de Cernay, ch. 56, 57.

1211.

Les suites de la victoire entraînerent la conquête presqu'entiere du Languedoc. Bouchard fit des prodiges au siege de Toulouse & dans toutes les expéditions de Simon de Montfort.

De retour à la Cour les rois Philippe Auguste & Louis VIII l'employerent aux principales affaires de l'Etat. Ce fut lui qui avec Robert, comte d'Alençon, Gaucher de Châtillon, comte de saint-Paul, Guillaume des Barres & plusieurs autres chevaliers également illustres, jura, au nom du Roi, les articles de la treve conclue en 1214 avec Jean, roi d'Angleterre. 1214.

Peu après, Bouchard retourna en Languedoc combattre les Albigeois. Il accompagna depuis le roi Louis VIII à la conquête d'Avignon & du Languedoc : il mourut dans ce voyage. Le roi Louis VIII avoit pour lui la plus haute estime. Philippe Mouske, auteur d'une vie en vers de Louis VIII, après avoir fait l'éloge de la valeur, de la 1215.

sagesse & de la probité de Bouchard, parle ainsi de sa mort:

Philippe Mouske, évêque de Tournay. Hist. en vers de Louis VIII, dont le manuscrit est à la bibliothèque du Roi.

Si morû Bocars de Marly,
. . . . .
Et quant ly Rois la oï dire
S'en fû si pleins d'ennuis & dire;
Ç'on ne le poroit aconter,
Et maus feroit del acouter.

Sa sœur Marguerite de Marly avoit épousé Aimeri, vicomte de Narbonne, petit-fils de Garcie, roi de Navarre & d'Urraque d'Arragon. De ce mariage est issue la maison de Foix qui a régné en Navarre.

Matthieu II, sire de Montmorenci, d'Ecouen, de Conflans-Sainte-Honorine, d'Attichy, de Laval, connétable de France, surnommé le Grand.

Si les vertus qui honorent le plus l'humanité, telles que la grandeur d'ame, la franchise, la générosité, le désintéressement, jointes à un courage & à des exploits héroïques, suffisent pour mériter à un citoyen le nom de Grand ; on peut dire que personne ne s'est montré plus digne d'un si glorieux titre que MATTHIEU II. Sa vie n'offre qu'une suite continuelle de travaux, de victoires & de conquêtes. Il est peut-être le seul guerrier de son temps qui ne combattit jamais qu'en faveur de la religion, de ses Rois & de la patrie.

Il avoit à peine atteint l'âge de 18 ans que son oncle Baudouin IV, comte de Hainault & de Flandre, surnommé le Courageux, frappé du caractere de sagesse, d'élévation & de courage qu'il appercevoit en lui, le fit chevalier. Bientôt Matthieu justifia la haute idée que Baudouin avoit conçue de lui. Il s'attacha au roi Philippe Auguste digne d'être le Roi de cette foule de héros dont la France étoit alors remplie. Il le suivit dans toutes ses guerres contre les Anglois ; il y fit des exploits presqu'incroyables ; c'est de Matthieu de Montmorenci, de Simon, comte de Montfort, & de Guillaume des Barés, réputés les trois plus braves chevaliers du Royaume, qu'un auteur contemporain difoit *que la valeur avoit rendu les noms recommandables à perpétuité, qui ne redoutoient en combattant ni la mort, ni la prife de leurs corps, & defquels la feule vertu avoit tellement dédié les cœurs à fa demeure, qu'ils n'en détournoient jamais la penfée.*

Guillaume Breton, liv. 7. de la Philippide.

Matthieu étoit l'un des principaux chefs de l'armée qui fit la conquête de la Normandie fur Jean Sans-Terre, roi d'Angleterre. Perfonne ne contribua plus que lui à la double victoire que les François remporterent devant Château-Gaillard.

Cette place fituée à fept lieues de Rouen dans une ifle de la Seine connue fous le nom d'*Andely*, paffoit pour la plus forte du Royaume. Jean perfuadé que de la deftinée de cette place dépendoit le falut de la Normandie, y avoit jetté l'élite de fes chevaliers. Les obftacles qu'il y avoit à vaincre, n'effrayerent point Philippe Augufte. Il en entreprit la conquête au mois d'Août 1203. Ce siege est l'un des plus hardis & des plus mémorables dont il soit mention dans nos fastes. Château-Gaillard fut d'abord attaqué du côté opposé au Vexin : les progrès des François furent très lents tant à cause de la force de la place, que parce que les assiégés avoient un pont de communication du côté du Vexin, d'où ils recevoient tous les jours des secours nouveaux. Le Roi, pour leur ôter cet avantage, entreprit de construire un pont de bateaux sur toute la largeur de la riviere, afin d'entourer la place de toutes parts. Ce travail énorme coûta beaucoup de sang, de temps & d'argent; mais enfin le Roi vint à bout de couper aux assiégés la communication qu'ils avoient jusqu'alors conservée au dehors.

Telle étoit la situation du siege, lorsque le roi d'Angleterre, qui jusqu'alors avoit insulté aux efforts de Philippe, entreprit de le faire lever. Il assemble une armée de terre & une flotte. La premiere d'environ dix ou douze mille hommes, obéissoit à Guillaume le Maréchal, l'un des plus grands capitaines d'Angleterre. La flotte étoit composée de plus de cent vaisseaux : elle avoit ordre de remonter la Seine à force de rames, de rompre le pont & de jetter des vivres dans la place. Les généraux étoient convenus entr'eux d'attaquer en même temps & pendant la nuit le pont & le camp des François.

Ce qu'il y a d'étonnant, c'est que de si grands préparatifs étoient ignorés du Roi & de ses généraux. On dormoit dans l'armée Françoise avec une profonde sécurité, lorsque Guillaume le Maréchal arriva à la vue du camp qui étoit de l'autre côté du Vexin. Le général Anglois attendit long-temps la flotte ; mais enfin voyant qu'elle ne paroissoit point, il donna le signal de l'attaque. Les François surpris & endormis, au lieu de combattre, cherchent leur salut de l'autre côté de la riviere où étoit le Roi. La foule des fuyards fut si grande sur le pont, qu'il se rompit : les uns se noyerent, les autres passerent le fleuve à la nage.

Cependant Matthieu de Montmorenci, Guillaume des Barres & Gaucher de Boulogne réveillés par les cris des vainqueurs, le tumulte & les gémissements des vaincus & des mourants, sortent de leurs tentes à peine armés ; ils volent l'épée à la main au devant des fuyards, & les forcent de tourner tête à l'ennemi. Montmorenci fit ensuite mettre le feu aux arbres, aux buissons & aux maisons pour reconnoître l'ennemi. Il s'apperçut avec une extrême joie que les vainqueurs uniquement occupés du pillage ou de la poursuite des fuyards, ne gardoient aucun ordre. Alors Matthieu secondé des deux généraux dont on vient de parler, & d'un petit nombre de braves chevaliers, fond à son tour sur les Anglois, & en fait un horrible carnage.

Philippide liv. 7.

L'armée de terre étoit à peine vaincue & dissipée, & le pont réparé, qu'on vit arriver la flotte dans un ordre admirable; elle dirigeoit tous ses efforts contre le pont qu'elle prétendoit rompre. Le Roi en confia la défense à Matthieu de Montmorenci, à Guillaume des Barres & au sire de Mauvoisin.

Ibidem.

Les plus gros vaisseaux protégés par soixante plus légers d'où l'on faisoit de continuelles décharges de fleches, de pierres & de traits sur les François, viennent fondre avec impétuosité sur le pont. Pendant ce temps-là la garnison de Château-Gaillard dirigeoit ses machines contre le pont, & l'attaquoit de l'autre côté avec furie ; cependant les vaisseaux s'accrochent aux endroits les plus saillants du pont ; le soldat Anglois se montre alors à découvert, & combat avec une intrépidité incroyable : les uns coupent les cables, les autres ébranlent les poutres ; ceux-ci assaillissent les défenseurs du pont à coups de pique & d'épée ; mais les François soutenus par les regards du Roi spectateur du combat, encouragés par l'exemple de Montmorenci & de des Barres, repoussent par-tout

1203.

Ibidem.

les Anglois, leur coulent plusieurs vaisseaux à fond, & obligent les autres à fuir. Cette double victoire fut principalement dûe à Matthieu de Montmorenci ; mais il faut avouer que, malgré son courage, l'armée eût été battue & le siege levé, si la flotte & l'armée de terre Angloises eussent agi de concert. La seule rupture du pont qui s'écroula, comme on a vu, sous les fuyards, eût livré le passage à la flotte, si elle s'étoit présentée lorsque Guillaume le Maréchal combattoit ; la breche étoit même à peine réparée, lorsqu'elle approcha. Au reste telle étoit la force de Château-Gaillard, que quoiqu'il fût abandonné à ses propres forces, il se défendit encore plus de six mois. Le gouverneur Roger de Laci fut pris avec deux cents soldats qui lui restoient d'une très-nombreuse garnison.

La conquête de toute la Normandie, cette riche & vaste Province remplie de soixante places fortifiées, & qui seule valoit alors l'Angleterre, coûta moins de temps, 1204. & suiv.

de troupes & d'argent au Roi que la prife de Château-Gaillard. Elle fut foumife en une campagne, & réunie à la couronne, dont elle étoit féparée depuis trois fiecles.

Rigord en la vie de Philippe Augufte. Quoique le Roi Jean eût ainfi lâchement perdu l'ancien patrimoine de fes ancêtres, il lui reftoit pourtant encore en France un domaine immenfe, la Guienne, le Poitou, l'Anjou, la Touraine, le Maine, le Limoufin; mais Philippe auffi heureux que fage & brave, lui enleva en deux ou trois campagnes toutes ces provinces, excepté la Guienne. Jamais depuis Charlemagne les François n'avoient fait de fi rapides progrès. Matthieu de Montmorenci feconda le Roi avec fon courage ordinaire. Jean étonné, accablé de tant de revers, demanda & obtint une treve, qui donna le temps au vainqueur de s'affermir dans fes nouvelles conquêtes.

1214. Cependant, l'Europe entiere étoit allarmée de la fortune & des fuccès du Roi de France; quoique le fyftême de la balance fût encore inconnu,

inconnu, la crainte & l'intérêt unirent l'Angleterre, l'Allemagne & les Pays-Bas contre Philippe Auguste. Un de ses vassaux, Ferrand, comte de Flandre, fut l'ame de cette ligue qui n'aspiroit pas à moins qu'à la conquête & au démembrement de la France. Paris la Capitale du Royaume devoit être le partage du comte de Flandre.

Jamais Roi ne parut plus grand dans le danger dont il étoit menacé, que Philippe, attaqué en même-temps au de-là de la Loire par les Anglois, & en Flandre par l'Empereur Othon IV qui comptoit sous ses drapeaux près de cent cinquante mille hommes. Il partagea ses forces avec Louis son fils aîné, pendant que ce Prince aussi intrépide que son pere, alloit soutenir la fortune de la France contre les Anglois avec trente mille hommes; le Roi marchoit avec cinquante mille contre l'Empereur : c'étoit tout ce qu'il avoit pû rassembler de troupes, car une partie de ses vassaux combattoit contre lui, & l'autre n'at-

Philippide liv. 10.

Les comtes de Flandre & de Boulogne.

tendoit qu'un événement malheureux pour se soulever.

L'étrange inégalité de ses forces ne l'empêcha point de présenter la bataille à l'Empereur. Les deux armées en vinrent aux mains dans les plaines de Bouvines, lieux à jamais mémorables par la plus glorieuse victoire que les François aient jamais remportée. On n'ignore point à quels affreux dangers le Roi fut d'abord exposé, renversé de dessus son cheval, foulé aux pieds, il eût perdu la liberté ou la vie sans le courage des chevaliers François qui se surpasserent eux-mêmes pour le dégager. Matthieu de Montmorenci contribua singuliérement à la victoire; il combattit dans cette journée, comme Achilles sous les murs de Troies. Il commandoit la droite avec le duc de Bourgogne, & le comte de Beaumont : d'abord il tailla en pieces deux mille gendarmes Flamands; s'appercevant ensuite que le comte de Flandre, le plus brave des généraux ennemis, ne cherchoit qu'à tomber sur le

Extrait de la vieille Chronique de Flandre, ch. 15.

corps à la tête duquel combattoit le Roi, il vole au devant de lui ; ce fut dans cette partie du champ de bataille qu'il y eut le plus de sang répandu : le duc de Bourgogne y eut son cheval tué sous lui ; pendant que ses chevaliers le remontent, Montmorenci monté sur un grand cheval de bataille & le sabre à la main, fit des choses presqu'incroyables ; il renversa & prit douze bannieres impériales. Enfin les François animés par ses exploits, firent de si grands efforts, que les Impériaux & les Flamands furent enfoncés & mis en déroute. Les comtes de Flandre, de Boulogne, de Hollande & de Salisbéri furent pris : l'Empereur déja saisi au corps par un chevalier François, n'évita le même sort que par un bonheur particulier ; il perdit son étendart ; sa défaite lui coûta le trône ; il mourut en Saxe accablé de douleur & de mépris.

Philippide, liv. 10.

On prétend que les vaincus laisserent sur le champ de bataille plus de trente mille morts.

V ij

Quoi qu'il en soit, jamais roi de France n'acquit plus de gloire, & ne remporta de victoire plus complette, plus décisive. Philippe, en mémoire des exploits de Matthieu de Montmorenci qui avoit tant contribué à son triomphe, voulut qu'il ajoutât douze aiglettes ou alérions aux quatre qu'il portoit déja dans ses armes. La branche de Montmorenci-Marly continua de porter les anciennes armes de la maison.

Histoire de la maison de Montmorenci, par Duchesne ; page 130.

Histoire des Albigeois, chap. 32.

1215.

La guerre n'eut pas été plutôt terminée, que le prince Louis, Matthieu de Montmorenci qui avoit l'honneur d'être son grand oncle à la mode de Bretagne, les comtes de Ponthieu, d'Alençon, de Saint-Paul & l'évêque de Beauvais, allerent combattre les Albigeois en Languedoc. Les armes de ces nouveaux croisés furent heureuses ; Narbonne & Toulouse se soumirent à l'ambitieux Montfort.

Au retour de cette expédition, le Roi honora Matthieu de Montmorenci de la dignité de connétable; cette charge qui n'étoit alors que celle de grand-écuyer & la troisieme de la Cour, devint entre les mains de Matthieu, la premiere de l'Etat. Le Roi y attacha le commandement suprême sur toutes les armées; depuis Matthieu, les connétables ont toujours été en France les chefs des conseils & des armées, représentant dans tout le Royaume la personne du Roi.

1218.

Revêtu de la dignité la plus éminente, Montmorenci se rendit recommandable par de plus grands services. Louis VIII, surnommé Cœur-de-lion, digne fils d'un grand Roi, n'eut pas plutôt monté sur le trône, que la guerre fut déclarée à l'Angleterre. Le Roi & le connétable passent la Loire, entrent en Guienne, & ont les succès qu'on devoit attendre de deux des plus grands hommes de guerre de l'Europe: les villes de Niort, de Saint-Jean d'Angely, la Rochelle (*),

1223.

(*) Le Roi par une charte datée de la seconde année de son regne, & souscrite par le connétable & les grands officiers de la Couronne, confirma à la Rochelle tous les privileges dont les ducs de Guienne & les Rois d'Angleterre

depuis si fameuse dans notre histoire, le Poitou entier, l'Angoumois, la Xaintonge, le Pays d'Aulnis furent subjugués dans le cours de cette campagne; le vicomte de Limoges & le comte de Perigord réduits à faire hommage de leurs états à la Couronne de France. Il ne faut pas croire que ces provinces fussent mal défendues. Savari de Mauléon, l'un des plus braves généraux de l'Angleterre, arrêta long-temps le Roi devant Niort; il défendit encore mieux la Rochelle, où il s'étoit jetté avec trois cents chevaliers & une puissante garnison; mais le soldat François étoit devenu invincible sous la conduite du Roi & du connétable.

1224.

La campagne suivante, le Roi & le connétable passèrent encore la Loire. A leur approche, la plupart des barons, vassaux de l'Angleterre,

avoient pris plaisir à la combler. Ils étoient tels qu'on eût pu prendre cette ville située au milieu du Royaume, plutôt comme une République sous la protection de nos Rois, que soumise à leur puissance. On prétend que l'effigie du chevalier que la Rochelle conserve dans le sceau de ses armes, est celle du connétable Matthieu II.

vinrent rendre hommage au Roi. Ce n'étoit pas-là le principal but de cette expédition ; il s'agissoit d'achever de chasser les Anglois du Royaume : tout concouroit au succès de cette grande entreprise ; la valeur & la fortune de Louis VIII, l'expérience de ses généraux, des troupes encouragées par vingt ans de victoires, la jeunesse méprisée d'Henri III, roi d'Angleterre, son indigence, l'indocilité de ses sujets ; enfin l'impossibilité de trouver alors en Europe des alliés qui osassent mesurer leurs armes contre celles de la France. Mais qui le croiroit ! Louis VIII, à la persuasion de la Cour de Rome dont il avoit reçu sous le regne de son pere de sanglants outrages ([a]), renonça à de si grands avantages ; il accorda une treve de trois ans à l'Angleterre pour tourner ses armes victorieuses contre les Albigeois.

1225.

Le célebre Simon de Montfort, après s'être vu par son audace, par la protection des Papes & par ses ex-

([a]) Il en avoit été excommunié.

ploits, comte de Toulouse, duc de Narbonne, vicomte de Béziers & de Carcassonne, avoit enfin éprouvé le sort de la plupart des usurpateurs ; il avoit été tué au siege de Toulouse, d'une pierre lancée, dit-on, par la main d'une femme. Déja le jeune Raymond avoit reconquis presque tout son héritage. Amauri, fils aîné & héritier de Simon de Montfort, désespéroit, malgré son courage, de conserver les dépouilles de la maison de Toulouse contre un Prince brave & adoré de ses sujets. Il céda donc au Roi ses prétentions sur le Languedoc, à condition qu'il auroit la survivance de la dignité de connétable. Montmorenci souscrivit d'autant plus volontiers à ce traité, que ses enfants étoient jeunes, & qu'Amauri de Montfort étoit son neveu. Peut-être que l'idée d'unir le Languedoc à ses vastes domaines, contribua plus que l'éloquence du Pape à l'expédition du Roi contre les Albigeois.

Quoi qu'il en soit, la plupart
des

des grands vassaux, des princes du sang, le connétable, se croiserent à l'exemple du Roi. Ce Prince se vit à la tête d'une armée de plus de cinquante mille hommes.

Il s'attacha au siege d'Avignon, 1226. qui, après lui avoir promis d'ouvrir ses portes, changea de dessein, dans la crainte, sans doute, de se voir exposé aux insultes & aux brigandages des croisés. Le siege fut long, difficile & sanglant; enfin, après trois mois d'attaques plus furieuses les unes que les autres, Matthieu, qui commandoit l'armée, força la ville de se soumettre : elle fut punie par la perte de ses murailles que le Roi fit raser.

Cet exploit jetta une telle terreur dans le Languedoc, que presque toute cette vaste province se soumit au Roi. Les comtes de Foix & de Comminge, les plus braves & les plus puissants alliés du comte de Toulouse, se rendirent en personne au camp du Roi, pour implorer sa clémence, & lui faire hommage de leurs Etats.

Déja le Roi couronné par la victoire, avoit repris le chemin de Paris par l'Auvergne; mais il fut arrêté à Montpenfier par une maladie aiguë & douloureufe, qui l'enleva à l'âge de quarante ans. On foupçonna Thibaut VI, comte de Champagne, de l'avoir empoifonné. Le départ précipité de ce Prince du camp d'Avignon, fes amours infenfés pour la Reine, donnerent lieu à ces odieux foupçons, qui n'étoient peut-être au refte fondés que fur la méchanceté de fes ennemis. Quoi qu'il en foit, Louis VIII fut un des plus grands Rois de fon fiecle. Sa valeur, fa générofité, fa grandeur d'ame, fa preftance héroïque, le rendoient digne de commander à tous les braves chevaliers dont il étoit environné. On connoît fon expédition d'Angleterre: abandonné par le roi Philippe Augufte fon pere, par les barons qui l'avoient appellé; frappé des foudres de Rome, il fe foutint long-temps par fon feul courage; lorfqu'enfin toutes les ressources lui eurent manqué, il ne dut son salut qu'à l'impression que ses vertus avoient faite sur la noblesse Angloise attachée au roi Henri III; elle lui accorda une capitulation honorable. Ce grand Prince, avant que de mourir, éprouva les plus vives inquiétudes sur la destinée de ses enfants. Les Rois, depuis Hugues Capet, se défiant de l'ambition effrénée des Grands, avoient eu la précaution de faire sacrer & couronner de leur vivant leurs successeurs. Louis, dans le court espace d'un regne de trois ans, n'avoit pu suivre cet exemple : l'aîné de ses enfants avoit à peine douze ans ; avant que d'expirer, il appella dans sa chambre les princes, les barons, & les évêques ; ce fut en présence de cette auguste assemblée, que le Roi tournant ses regards mourants sur Matthieu de Montmorenci, le conjura, dans les termes les plus touchants, de prendre sous sa garde son fils. Matthieu, accablé de douleur, ne put d'abord répondre que par ses larmes & ses sanglots ; mais enfin faisant un effort sur lui-même, il protesta à son Roi qu'il verseroit jusqu'à la derniere goutte de son sang pour la défense du Prince & de la famille royale (*). Le Roi, plein de confiance en la grandeur d'ame & en la fidélité du connétable, parut mourir avec moins de regret.

1226.

Le jeune Roi, qui fut Louis IX, ne trouva pas en effet de plus ardent défenseur que le grand homme auquel son pere l'avoit si tendrement recommandé. Presque tous les grands vassaux de la Couronne, les princes du sang même avoient formé de concert avec les Anglois le projet de détruire la puissance de la maison royale, devenue for-

Daniel, tome 3, page 182.

(*) C'est ainsi que s'exprime Philippe Mouske sur ce triste événement :

  Puis appella ses compagnons
  Et son clergier, & ses barons,
  Si lors fit esframment jurer
  De son aîné fils asseurer
  Et de couronner à quintaine,
  Pour oster d'ennuy & de painne
  Et la contrée & le pays.
   Et Mahius de Montmorenci
  Proïa t'il ; que par sa mercy
  Presist en garde son enfant,
  Et il l'otroya en plorant.

midable entre les mains des deux derniers Rois. A la tête de cette grande faction, étoient Pierre de Dreux, devenu par le bienfait de Philippe Auguste, comte de Bretagne; l'ambition de ce prince, qui, à de grands talents, joignoit beaucoup de courage, n'étoit pas encore satisfaite; il vouloit déchirer & démembrer une monarchie à laquelle les loix lui donnoient le droit de succéder; Hugues de Lusignan, comte de la Marche, beau-pere du roi d'Angleterre ; Thibaut, comte de Champagne, outré de l'affront qu'on lui avoit fait de lui fermer les portes de Rheims, comme à un parricide ; le comte de Boulogne, oncle du Roi : le comte de Dreux, prince du sang, le duc de Bourgogne, le comte de Nevers, & tout ce qu'il y avoit de plus puissant dans le Royaume, se joignirent dans la suite aux rebelles. On prétend que le dessein des conjurés étoit de priver le jeune Roi de la Couronne, pour la mettre sur la tête d'Enguerrand de

Couci. S'il eſt vrai que ce deſſein abſurde ait exiſté, il faut avouer que les princes du ſang avoient perdu l'uſage de la raiſon; ou bien cet Enguerrand de Couci n'eût été qu'un fantôme de Roi qu'on eût bien-tôt dépouillé. Quoi qu'il en ſoit, les grands vaſſaux de la Couronne ſe flattoient d'un ſuccès d'autant plus rapide, qu'il ne s'agiſſoit que de chaſſer une Régente étrangere, qu'ils croyoient ſans appui dans le Royaume. Mais cette Régente étoit l'immortelle Blanche de Caſtille, que ſon courage & ſes talents ont rendue l'ornement de ſon ſiecle : elle trouva dans ſon génie, dans le zele & la valeur du connétable, & de quelques autres généraux formés par Philippe Auguſte, des reſſources qui la firent triompher de la force & de la perfidie.

Le premier ſoin de cette grande Reine fut de faire ſacrer & couronner ſon fils. Elle eſpéroit que cette auguſte cérémonie ajouteroit encore au reſpect dû à la Majeſté royale : elle se trompa ; le sacre fut comme le signal de la révolte ; les comtes de Bretagne, de Champagne & de la Marche commencent en même-temps la guerre civile. La Reine, sans s'étonner, ordonne au Connétable de rassembler les troupes. Montmorenci la servit avec zele ; l'armée n'eut pas plutôt été formée, que la Reine s'y rendit avec son fils & le cardinal de Saint-Ange, légat du Pape & toute la Cour. Elle entre en Champagne, & réduit en peu de temps le comte Thibaut à implorer sa clémence ; elle lui pardonne. Les comtes de Bretagne & de la Marche effrayés de l'activité de la Reine & du connétable, qui du fonds de la Champagne avoient déja conduit l'armée au-delà de la Loire, eurent recours aux armes des vaincus, aux prieres & aux négociations. L'habile Régente usa modérément de son avantage ; elle leur accorda la paix à des conditions généreuses ; le traité fut signé à Vendôme ; le Connétable jura au

1227.

X iv

nom & fur l'ame du Roi, d'en obſerver les conditions.

<small>Nangius in geſtis Ludovici IX.</small> Les ſuccès & la clémence de la Reine ſembloient devoir aſſurer le repos & la fortune de l'Etat ; mais Pierre de Dreux, ſurnommé *Mauclerc*, ſans doute à cauſe de l'uſage dangereux qu'il fit de ſes talents & de ſes lumieres, ne pouvoit ſoutenir l'idée de s'être vu vaincu ſans avoir tiré l'épée ; il ne profita donc de la paix que pour préparer une nouvelle guerre civile ; en moins de ſix mois, il ſouffla le feu de la diſcorde & de la révolte dans toutes les parties du Royaume : d'un côté il perſuade au duc de Bourgogne, aux comtes de Champagne, de la Marche, de Dreux & de Saint-Paul, que c'en eſt fait de leur puiſſance & de leurs privileges, s'ils laiſſent le jeune Roi ſe fortifier dans les Domaines conquis par ſes aïeux ; de l'autre, il repréſente au comte de Boulogne, oncle du Roi, que Blanche de Caſtille lui a fait un affront inſigne, en lui enlevant la régence ; enfin

il négocie avec tant d'adreſſe & d'artifice, qu'il forme dans le ſein de l'Etat, & contre l'Etat, la ligue la plus redoutable. Avant que d'éclater, les conjurés formerent le deſſein de s'emparer de la perſonne du Roi, qui pour lors ſéjournoit à Orléans avec la Reine ſa mere. Le complot eût réuſſi ſans la foibleſſe & l'inconſtance du comte de Champagne, qui, toujours prévenu de la paſſion la plus inſenſée pour la Reine, l'avertit ſecrétement du piege qu'on lui tendoit: cette Princeſſe n'eut que le temps de ſe ſauver avec ſon fils à Montlhéri. {1228.}

A la premiere nouvelle du danger du Roi, Paris entier prend les armes & vole au devant de lui; il paſſa avec la Régente à travers les rangs de cette armée de citoyens qui rempliſſoit preſque tout l'eſpace qui eſt entre Paris & Montlhéri; il rentra dans ſa capitale au milieu des acclamations d'un peuple immenſe qui l'idolâtroit. Cependant les conjurés qui s'étoient {Ibidem.}

rendus à Corbeil, ne se séparerent point sans avoir formé un nouveau complot. Le comte de Bretagne devoit lever seul l'étendard de la révolte : on sait que les armées de nos Rois n'étoient alors composées que de troupes levées dans leurs Domaines, & sur-tout de celles que les vassaux de la couronne étoient obligés, selon les loix des fiefs, de leur amener. C'étoit sur cet usage que le Comte fondoit le succès de son entreprise. Il ne doutoit point qu'à la premiere nouvelle de sa rebellion, la Reine ne mandât tous les feudataires de la couronne, dont la plûpart participoient à ses criminels desseins ; mais au lieu de venir au rendez-vous de l'armée avec leurs troupes, ils devoient s'y présenter presque seuls ; le Roi & la Régente ainsi abandonnés, ne pouvoient manquer d'être enlevés. Ce projet échoua encore par le repentir du comte de Champagne : non-seulement il instruisit la Reine de la conspiration, mais il accourut à

1228.

son secours avec trois cents chevaliers. Le Comte de Bretagne se trouva alors pris dans ses propres pieges ; le connétable l'avoit enveloppé de tous les côtés; il ne pouvoit manquer de tomber entre les mains de la Reine : ce Prince prit alors le partit de venir se jetter aux pieds du Roi dont il implora la clémence. Telles étoient les ressources du Comte, que la Reine n'osa le faire arrêter dans la crainte d'un soulevement général : elle lui pardonna pour la seconde fois.

Le traité étoit à peine signé, que les conjurés irrités de la perfidie du comte de Champagne, entrent dans ses états dans le dessein de l'en dépouiller.

Le prétexte de cette invasion étoit les droits d'Alix de Champagne, reine de Chypre, cousine-germaine de Thibaut & fille de l'aîné de la maison. Quoique les droits de cette Princesse parussent incontestables, il est constant que les princes ligués n'auroient jamais cherché à les faire valoir, si Thibaut ne les avoit trahis ; cependant ils fignaloient fur les fujets de ce Prince leur fureur & leur vengeance ; jamais on ne fit la guerre avec plus de férocité & de barbarie. Troies étoit menacé : Thibaut à la veille d'être chaffé de fes Etats, implora l'appui du Prince en faveur de qui il s'étoit attiré un fi terrible orage. Le Roi, fuivi de la Régente & du connétable, vole à fon fecours ; fa rapide activité lui valut la victoire ; il chaffa les ligueurs fans qu'il lui en coutât une goutte de fang.

Cependant les droits de la Reine de Chypre étoient fi bien fondés, que Thibaut, quoique victorieux, confentit à lui donner de groffes fommes d'argent pour l'indemnifer; mais il lui fallut vendre une partie de fes Etats pour conferver l'autre. La Régente acheta de lui les comtés de Blois, de Chartres, de Sancerre & le vicomté de Châteaudun : c'eft ainfi que cette habile Princeffe vengeoit fes alliés, & augmentoit les Etats de fon fils.

Pendant qu'elle donnoit tant d'éclat à la souveraine puissance, le connétable la secondoit avec des soins infatigables. Ce Seigneur aussi sage, aussi adroit dans les conseils, que redoutable à la tête d'une armée, vint à bout de détacher de la ligue le comte de Boulogne, qui en étoit le chef: il négocia aussi heureusement avec les comtes de Dreux & de Nevers.

Il n'y avoit que le comte de Bretagne qui, malgré tous les revers qu'il éprouvoit, demeurât ferme & inébranlable dans ses funestes desseins; il se fortifia de troupes & d'argent; il appella le Roi d'Angleterre à son secours. A cette nouvelle, quoique la saison fût très-avancée, le connétable eut ordre d'aller assiéger Bellesme, l'une des plus fortes places du Royaume: Blanche, malgré les incommodités de la saison, mena son fils à ce siege.

1229.

Le courage de la garnison qui se défendit avec une vigueur surprenante, ne fut pas l'obstacle le plus terrible qu'il y eut à vaincre;

Daniel, tome 3, page 193.

la rigueur de l'hyver étoit telle, que pour empêcher les chevaux de mourir de froid, on fut obligé de les raſſembler dans une enceinte, & d'allumer tout à l'entour de grands feux. Enfin, après un grand nombre d'attaques, Belleſme ſe rendit par capitulation. La perte de Belleſme, qui couvroit la Bretagne, mit le comble à la fureur du comte, & à ſa haine contre ſa patrie. Il s'embarqua pour Londres; là, pour vaincre la pareſſe du roi Henri III, Pierre s'oublia juſqu'au point de lui faire hommage du comté de Bretagne : cette action ſi indigne d'un François, & d'un Prince du ſang, fut univerſellement déteſtée, même des alliés qui lui reſtoient encore en France. Mais ce prince forcené, porta encore plus loin l'audace ; il envoya un chevalier du Temple ſignifier au Roi qu'il ne le reconnoiſſoit plus pour ſon Souverain.

1230. La Reine ne tarda pas à le faire repentir de ſa témérité : elle part au mois de Janvier, ſe rend à grandes journées dans l'Anjou, & met le siege devant la Capitale, qu'elle emporte en quarante jours d'attaque; de-là, la Cour & l'armée s'avancent jusqu'à Clisson; le comte de la Marche, Hugues de Lusignan, le seul Prince puissant qui fût encore attaché à Pierre de Dreux, étonné de l'orage qui alloit fondre sur lui, vint lui-même demander la paix à la Régente. Le traité fut bientôt conclu; le connétable en jura l'observation sur l'ame du Roi, en présence de Jean de Brienne, roi de Jérusalem, de l'Archevêque de Rheims, & du comte de Champagne. L'exemple du comte de la Marche fut suivi de celui du vicomte de Thouars, & des autres barons d'au-delà de la Loire.

Cependant le roi d'Angleterre étoit débarqué à Saint-Malo avec une puissante armée : le comte de Bretagne le reçut comme son Souverain & son libérateur. A l'approche des Anglois, l'armée s'avança vers Ancenis; les premiers barons de Bretagne, tels que les sires de

Histoire de Bretagne, tome 1, page 162.

Vitré, d'Avaugour & de Fougeres, pleins d'horreur pour la conduite du Comte, se rendirent au camp du Roi, pour lui prêter hommage; mais avant que de recevoir les marques de la fidélité de ces Seigneurs, la Reine jugea à propos de faire faire le procès au comte de Bretagne.

Les comtes de Flandres, de Champagne, de Nevers, de Vendôme, le connétable, Amaury comte de Montfort, le comte de Roucy, & quelques autres barons s'assemblent, & déclarent par un arrêt solemnel, que Pierre de Dreux, par sa félonie, est déchu du comté de Bretagne; que tous ses Etats seroient mis sous la main du Roi, jusqu'à ce que Jean son fils eût atteint l'âge de 21 ans.

L'arrêt eut à peine été prononcé, que Matthieu mit le siege devant Ancenis, qu'il emporta; il s'avança de-là vers Nantes, & prit les châteaux d'Oudon & de Chantoceaux. La présence du Roi d'Angleterre & du comte de Bretagne ne fit que

relever

relever l'éclat du triomphe des François. Matthieu réduisit les Anglois, & les rebelles qui s'étoient vantés de conquérir des Provinces entieres, à n'oser sortir de leur camp; bien-tôt la disette & les maladies, plus terribles que l'épée des François, anéantirent les troupes Angloises; Henri se trouva trop heureux de ramener à Bourdeaux les tristes restes d'une des plus florissantes armées qui fût jamais sortie d'Angleterre. Si la division ne s'étoit mise dans l'armée françoise entre les grands vassaux, la Bretagne étoit dès-lors conquise; au reste, cette campagne mit le comble à la gloire de Matthieu II. Il mourut avec la réputation du plus grand capitaine, & du plus honnête homme de son siecle. Il est enterré à l'abbaye de Notre-Dame du Val (a).

Annales de Hainault, tom. 3.

Matthieu de Montmorenci avoit le génie, la valeur & les talents

(a) Et Mahius de Montmorencin
Fu trais à cel tempore à fin
Cil fu preus & de bon conseil,
Qu'il n'ot en France son pareil. *Matthieu Mousket.*

militaires de Simon de Montfort son beau-frere, sans cependant en avoir la dureté & l'insatiable avidité. On a conservé de lui un trait qui donne une haute idée de son désintéressement & de sa modération ; moyennant une légere redevance, il affranchit tous ses vassaux des corvées, des tailles & des impositions que les barons étoient alors en droit d'exiger d'eux : ce bienfait étoit immense ; car de sa seule baronnie de Montmorenci, dépendoient plus de six cents fiefs : cette action est sans doute moins brillante que des victoires, mais elle est plus intéressante aux yeux de l'humanité.

Le moindre des titres du connétable est d'avoir été grand-oncle, oncle, beau-frere, neveu & petit-fils de deux Empereurs, de six Rois & allié de tous les Souverains de l'Europe ; on disoit de lui que sa parenté s'étendoit d'une mer à l'autre ; il prenoit, comme ses ancêtres, la qualité de *Sire de Montmorenci par la grace de Dieu.* Toutes les

Têtes couronnées de l'Europe sont descendues de ce grand homme par le mariage de Jeanne de Laval, une de ses petites filles avec Louis de Bourbon, comte de Vendôme, trisaïeul d'Henri IV.

Il avoit près de cinquante-cinq ans, & trois fils (ª) de Gertrude de Soissons, lorsqu'en 1221 il épousa Emme, héritière de Laval, veuve de Robert, comte d'Alençon & de Séez. On prétend que cette maison de Laval, l'une des plus anciennes & des plus illustres du Royaume, descendoit en droite ligne de Charlemagne; tout ce qu'il y a de vrai, c'est qu'elle ne s'étoit jamais alliée qu'à des Souverains, tels que les rois d'Angleterre, de Castille, d'Ecosse, les ducs de Normandie & d'Aquitaine, les comtes de Bretagne, de Toulouse, de Champagne, d'Anjou, du Maine & d'Alençon. Le connétable, en épousant la comtesse d'Alençon,

___

(ª) Bouchard VI qui suit; Matthieu de Montmorenci, comte de Ponthieu & de Montreuil; sire d'Attichy; Jean de Montmorenci, sire de Roissi.

fit épouser sa sœur, Isabeau de Laval, à son fils aîné Bouchard VI, sans doute afin que les biens de cette puissante maison restassent dans la sienne ; mais Matthieu eut plusieurs enfants d'Emme de Laval, entr'autres Gui de Montmorenci, qui prit le nom de Laval ; il conserva les armes de Montmorenci, qu'il brisa, comme puîné, de cinq coquilles d'argent sur la croix. De Gui de Montmorenci, sire de Laval, sont sorties dix branches fécondes en guerriers illustres. L'aînée a souvent mêlé son sang avec celui des Rois ; elle a produit de grands hommes, & joüi, comme on verra dans la suite, des plus insignes prérogatives.

Bouchard VI, sire de Montmorenci, d'Ecouen, de Conflans-Sainte-Honorine, &c.

BOUCHARD VI, ses freres Matthieu, comte de Ponthieu, & Gui, sire de Laval, eurent, comme tous leurs ancêtres, beaucoup de part aux grandes affaires de leur temps. En 1235, Bouchard & Matthieu signerent à Saint Denis, avec les grands vassaux de la couronne, la requête qui fut présentée au Pape, pour arrêter les entreprises du clergé sur la jurisdiction des rois : l'un & l'autre suivit Saint Louis dans toutes ses expéditions : on les voit tantôt en Champagne., tantôt en Bretagne, seconder leur Prince avec un grand nombre de chevaliers. Mais c'est sur-tout dans la mémorable campagne de 1242, qu'ils se signalerent le plus : on sait que Saint Louis à la tête de son armée, remporta deux glorieuses victoires sur Henri III, roi d'Angleterre, & le comte de la Marche. Le chef de la maison de Montmorenci, Bouchard VI, ne survécut pas long-temps à la gloire qu'il acquit aux journées de Taillebourg & de Xaintes ; il mourut le premier Janvier 1243. On a encore son testament ; on est étonné de la quantité de legs que ce Seigneur laisse aux

Du Tillet, au recueil des rangs des grands de France, page 31.

1235.

Extrait d'un Regiſtre des Chartres du Roi, coté VIII.

églises & aux pauvres. Le comte de Ponthieu son frere, mourut en 1250, sans enfants : comme la représentation n'avoit pas alors lieu en la coutume de Paris ; ce fut Gui de Montmorenci, sire de Laval, qui fut son héritier au préjudice des enfants de Bouchard VI.

Gui VII, sire de Laval, fut un des plus vaillants chevaliers de son temps ; il combattit toute sa vie : en France, contre les Anglois ; en Egypte & en Palestine, contre les Musulmans ; en Italie, en faveur du Comte d'Anjou, frere de Saint-Louis. Il eut beaucoup de part à la bataille de Benevent, qui coûta le trône & la vie au bâtard Mainfroi, roi de Sicile. Gui mourut en 1267 : il avoit épousé Philippe, dame de Vitré, de Châtillon-en-Vandelais, fille & héritiere d'André, sire de Vitré, & de Catherine de Bretagne, sœur d'Alix, comtesse de Bretagne, épouse de Pierre de Dreux.

MATTHIEU III, sire de Montmorenci, d'Ecouen, de Conflans-Sainte-Honorine, avoit à peine atteint l'âge de vingt ans, lorsqu'il épousa Jeanne de Brienne, fille d'Erard de Brienne (ᵃ) & de (ᵇ) Philippe de Champagne. Ce mariage allia de nouveau la maison de Montmorenci à toutes les Têtes couronnées de l'Europe. Matthieu III eut des démêlés avec l'Abbé de Saint Denis: un siecle auparavant le différend eût été jugé par la force des armes; mais l'autorité royale, depuis Philippe Auguste, commençoit à être respectée; Matthieu & l'Abbé transigerent. Dans l'espace d'une vie très-courte, Matthieu fit de grands biens aux églises & aux monasteres. Il prit la croix avec Saint Louis

(ᵃ) Il y avoit alors deux Impératrices de cette maison de Brienne; Yoland de Brienne, reine de Jérusalem, épouse de Frédéric II, empereur d'Allemagne; Marie de Brienne, épouse de Baudouin de Courtenai, empereur de Constantinople.

(ᵇ) Philippe de Champagne étoit fille d'Henri II, roi de Jérusalem, & comte de Champagne; elle avoit pour aïeule maternelle Alix de France, fille de Louis VII, & d'Eléonore, duchesse de Guienne, depuis reine d'Angleterre.

en 1270 ; il avoit à sa suite douze chevaliers sous trois bannieres ; le connétable n'en avoit que quinze : on sait combien cette expédition fut funeste ; elle coûta la vie au plus saint de nos Rois : Matthieu eut le même sort ; il fut emporté devant Tunis par la contagion ; il avoit à peine trente ans.

Son cousin-germain Gui VIII, sire de Laval, qui s'étoit aussi croisé, fut plus heureux ; il retourna dans sa patrie, & se distingua dans toutes les guerres de son temps ; Charles, roi de Naples, le choisit pour un des chevaliers qui devoient combattre avec lui à Bourdeaux contre le roi d'Arragon : on sait que ce fameux duel n'eut point lieu. Gui, à la tête d'un grand nombre de gentilshommes ses vassaux, contribua beaucoup à la conquête de la Guienne sur les Anglois en 1295 ; mais les fatigues de cette campagne lui coûterent la vie.

Matthieu IV, sire de Montmorenci, d'Ecouen, d'Argentan, d'Amville, amiral & grand-chambellan de France, surnommé le Grand.

MATTHIEU IV égala la gloire de ses plus illustres prédécesseurs. Le roi Philippe III, surnommé *le Hardi*, le choisit en 1282, pour un des généraux de la puissante armée qu'il envoya à Charles d'Anjou son oncle, pour l'aider à venger le sang des François égorgés aux Vêpres Siciliennes. Matthieu, quoique jeune, passoit déja pour un des plus sages & des plus vaillants chevaliers du Royaume : il avoit l'honneur d'être collégue du comte d'Alençon, frere du Roi, des comtes d'Artois, de Bourgogne & de Boulogne, c'est-à-dire, de tout ce qu'il y avoit de plus grand en France. L'armée franchit les Alpes, traversa toute l'Italie, & gagna heureusement les plaines de la Calabre, où elle trouva le Roi de Naples qui ne

1282.

Nangius, de gestis Philippi.

respiroit que la plus terrible vengeance.

Mais ce Prince aussi imprudent que brave, au lieu de profiter de l'ardeur de l'armée, qui sembloit lui promettre une victoire décisive, se laissa tromper par son ennemi. Pierre III, roi d'Arragon, aussi fin, aussi délié que son ennemi étoit impétueux ; effrayé à la vue de la noblesse françoise qui passoit pour la milice la plus redoutable de l'Univers, proposa à son rival de vuider leur querelle par un combat particulier, dans un Etat neutre, à la tête chacun de cent chevaliers. Charles reçut le défi avec transport : le desir de tremper lui-même ses mains dans le sang d'un rival odieux, sembloit encore ajouter à son impétuosité naturelle. Bourdeaux fut choisi pour le lieu du rendez-vous; chacun des deux Rois promit, sous peine d'être *réputé vaincu, parjure, faux, poltron, infidele, traître, indigne du nom de Roi, privé de toute dignité royale & honneur*, de se trouver le premier Juin 1243, dans la capitale de la Guienne, à la tête de cent chevaliers (a); Edouard III, roi d'Angleterre, devoit être spectateur & arbitre du combat: la Sicile le prix de la victoire.

Les généraux François ne virent qu'avec une douleur mêlée d'indignation, le Roi tomber ainsi dans les pieges de son ennemi; ils étoient sur-tout désespérés d'être venus de si loin pour rester dans l'inaction. Charles, malgré leurs cris & leurs murmures, partit pour Bourdeaux, laissant l'administration de ses Etats aux Comtes d'Alençon & d'Artois, & à Matthieu de Montmorenci.

Mais ce que les généraux François avoient prévu ne manqua pas d'arriver; Charles ne trouva point son ennemi au rendez-vous: en-

(a) Bouchard de Montmorenci, sire de Nangis, oncle de Matthieu IV, & gendre de Jean Britaut, connétable de Sicile, grand pannetier de France, étoit l'un des quarante Barons qui s'obligerent à faire tenir au roi de Sicile, les conventions du combat, promettant de l'abandonner supposé qu'il y manquât. *Extrait de l'inventaire des Chartres du Roi.*

vain le roi d'Arragon, que ses sujets ont appellé Pierre le Grand, écrivit à tous les Rois de l'Europe qu'il s'étoit présenté la nuit qui devoit précéder le combat devant le Sénéchal de Bourdeaux; envain accusa-t-il Philippe, roi de France, de lui avoir dressé des embûches sur la route, personne n'ajouta foi à ses protestations; il se couvrit de honte aux yeux de tous les chevaliers de l'Europe: on sait que tous les Rois se faisoient alors honneur d'être chevaliers ; c'étoit le siecle de l'ignorance, de la franchise & de la valeur.

Cependant, Philippe le Hardi, outré de l'indignité des accusations de l'Arragonnois, accepta au nom de son second fils, Charles de Valois, la couronne d'Arragon, dont le Pape avoit déclaré Pierre déchu. Mais il falloit faire la conquête de ce Royaume : en conséquence, Philippe rassembla une des plus formidables armées qu'on eût vues en France. Matthieu de Montmorenci reçut ordre de

1285.

ramener à grandes journées les troupes qu'il commandoit en Italie. Matthieu joignit le Roi dans cette célebre & malheureuse expédition. On fit d'abord quelques conquêtes, auxquelles Matthieu eut beaucoup de part : son zele, son courage & ses services lui valurent la dignité de grand-chambellan de France, vacante par la mort de Matthieu de Montmorenci, sire de Marly, son cousin : mais cette campagne ne fut gueres utile & glorieuse qu'à Matthieu ; en effet, l'armée diminuée de plus de la moitié par la disette, les maladies & les combats, se vit forcée de repasser les Pyrénées ; & pour comble de malheur, à peine le Roi fut-il arrivé à Perpignan, qu'il mourut de douleur & de fatigues. Pierre III racheta sa réputation aux dépens de sa vie : il se conduisit non-seulement en sage capitaine, mais en héros ; il mourut d'une blessure qu'il reçut en combattant pour sa couronne.

Le nouveau roi, Philippe IV,

surnommé *le Bel*, eut pour Matthieu la plus haute considération; il l'employa aux affaires les plus importantes de l'Etat. La conduite de ce grand homme lui fut si agréable, qu'il le combla de bienfaits; la châtellenie de d'Amville, la baronnie de Tillieres, celle d'Argentan, qui resterent long-temps dans la maison de Montmorenci, sont des monuments magnifiques de la libéralité & de la reconnoissance de ce Monarque.

1295. Cependant la guerre s'étoit allumée entre la France & l'Angleterre; déja Philippe, le plus fier des princes de son temps, avoit envoyé une puissante armée au-delà de la Loire, sous les ordres de Charles de Valois son frere: ce Prince heureusement secondé par le connétable de Nesle, par Matthieu de Montmorenci, par Gaucher de Châtillon, par Gui de Laval, conquit rapidement la province de Guienne.

La campagne suivante, le Roi prépara une flotte considérable, dont il donna la conduite à Matthieu de Montmorenci, & à Jean d'Harcourt, pour entreprendre la conquête de l'Angleterre. Les deux généraux defcendent en Angleterre, prennent & pillent Douvres. Dans la terreur dont les Anglois paroiffoient faifis, rien ne les empêchoit d'aller jufqu'à Londres; mais foit que les vivres leur manquaffent, foit plutôt qu'ils euffent été rappellés par les ordres de la Cour, ils fe rembarquerent avec une précipitation qu'on n'eût pas dû attendre de leur courage & de leurs premiers fuccès.

Nangis. Lettres patentes du Roi, tirées du tréfor des Chartres.

De retour en France, le Roi parut en particulier fi content de la conduite de Matthieu, qu'il lui affigna une penfion de mille livres, fomme alors très-confidérable.

Matthieu porta dans les guerres de Flandre le même zele & le même courage que dans fes autres expéditions; il contribua à la conquête de ce pays fous Charles de Valois. Lorfque les Flamands

1296, 1297.

se furent révoltés, & qu'ils eurent battu les François à la bataille de Courtrai, Matthieu aida le Roi à venger cette injure : il combattit avec ses enfants : & avec tous les seigneurs de sa maison (ª) à la journée de Mons-en-Puelle, qui couvrit Philippe le Bel de gloire. Il mourut en 1305, extrêmement regretté du Roi.

Croiroit-on qu'au milieu de toutes les guerres que la France avoit à soutenir, la moitié de la France ne respiroit encore que les croisades. Jeanne de Châtillon, veuve de Pierre de France, comte d'Alençon, laissa une somme de quinze mille livres pour l'expédition de la Terre-Sainte : cette somme ne devoit être confiée qu'au connétable de Nesle, à Gaucher de Châtillon, depuis connétable de France, ou à Matthieu de Montmorenci, qui passoient pour les trois plus bra-

___
(ª) Savoir, Matthieu V, & Jean de Montmorenci ses fils ; Erard de Montmorenci, grand-échanson de France ; Gui IX, sire de Laval ; Matthieu III, sire de Marly ses cousins.

ves chevaliers du Royaume, supposé qu'ils vouluffent entreprendre ce voyage; mais Philippe, plus fage que fes prédéceffeurs, ne voulut jamais confentir à fe priver des fervices de ces grands hommes.

Matthieu de Montmorenci fit éclater le même zele que les autres barons de France contre les injuftes prétentions de Boniface VIII; il figna toujours immédiatement après le connétable, les actes de cette fameufe querelle.

La valeur, l'expérience, la fageffe, le zele pour fes rois, n'étoient pas les feules vertus qui brillaffent en Matthieu IV ; il fe rendit encore plus recommandable par la juftice, l'humanité & la bienfaifance. Voici un trait qui caractérife la plus belle ame : quoiqu'il aimât beaucoup le plaifir de la chaffe, fur les plaintes que fes vaffaux lui firent que le gibier défoloit leurs héritages, non-feulement il leur permit, mais il leur ordonna de tuer & d'emporter

Lettre de Matthieu de Montmorenci dont l'original eft au tréfor de S. Denis.

les cerfs, les biches, les dains, les fangliers, & généralement le gros & menu gibier qu'ils trouveroient par-tout ailleurs que dans une garenne qu'il fe réferva : il n'y a point d'homme qui ne connoiffe le prix d'un fi généreux facrifice. Avant que de mourir, Matthieu affigna des fonds pour habiller tous les pauvres de fes terres : plufieurs de fes ancêtres lui en avoient donné l'exemple.

Matthieu IV n'eut point d'enfants de fa premiere femme Marie de Dreux, fille aînée (a) du comte de Dreux; mais il en eut plufieurs de Jeanne de Levis, fille de Gui de Levis, fire de Mirepoix, maréchal de la Foi, & d'Ifabelle de Montmorenci-Marly. Cette dame lui apporta en dot neuf mille livres, & quatre cents livres de rente : il falloit que la maifon de Levis fût alors très-riche ; car les filles de France n'avoient pas une

_____

(a) La cadette de cette princeffe époufa Alexandre III, Roi d'Ecoffe; & enfuite Artus VI, duc de Bretagne.

dot plus considérable. Son fils aîné, Matthieu V, mourut un an après lui, sans enfants de Jeanne de Chantilly. Son second fils, Jean I, continua la postérité.

JEAN I, sire de Montmorenci, d'Ecouen, d'Amville, d'Argentan, de Tillieres, de Berneval, de Conflans - Sainte - Honorine, combattit avec son pere & son frere aîné, à la bataille de Mons-en-Puelle. Telle étoit alors la puissance de la maison de Montmorenci, que l'aîné (*) servoit nos rois dans toutes leurs guerres avec trente chevaliers sous sa banniere; Philippe de Valois, depuis roi de France, n'en avoit que quarante; Charles de Valois, second prince du sang, vingt; Robert d'Artois, depuis si célebre par son courage, ses crimes & ses malheurs, trente. 1320.

(*) On voit par le même régistre qu'Erard de Montmorenci, sire de Conflans, grand-échanson de France, servoit à la tête de quinze chevaliers; & Bouchard de Montmorenci, sire de Nangis, grand-pannetier de France, à la tête de dix.

Jean I, à l'exemple de ses ancêtres, combla les Monasteres de bienfaits : il mourut en 1325, à la fleur de son âge ; il est enterré en l'église de Conflans-Sainte-Honorine, où l'on voit son tombeau.

1325.

Charles, sire de Montmorenci, d'Ecouen, d'Amville, d'Argentan, de Berneval, de Feuillarde, de Vitry-en-Brie, de Chaumont-en-Vexin, de Blazon, de Chemillier ; conseiller & chambellan des rois Philippe VI, Jean I, Charles V, grand-pannetier & maréchal de France, gouverneur général de la Picardie, de l'Artois & des Châtellenies de Flandres.

1328.

CHARLES de Montmorenci, qui depuis eut tant de part au gouvernement de l'Etat, n'étoit pas encore sorti de l'enfance, lorsque Philippe de Valois, le premier de trente princes dont la maison royale étoit alors composée, succéda à la postérité de Philippe le Bel ; la valeur & l'expérience du nouveau

Monarque âgé de trente-six ans, sembloit annoncer à la nation, devenue une des plus puissantes de l'Europe, un regne heureux & florissant. Philippe répondit d'abord à la haute opinion qu'on avoit conçue de lui, en remportant une victoire complette à Cassel, sur les Flamands révoltés (ª); *Le 23 Août.* en rétablissant le comte de Flandre dans ses Etats ; en forçant Edouard III, roi d'Angleterre, qui, en qualité de petit-fils de Philippe le Bel, par sa mere Isabelle de France, lui avoit disputé la couronne, à venir lui rendre hommage en personne du duché de Guienne. Tous ces succès méritèrent à Philippe de Valois le beau nom de fortuné, que les peuples lui avoient donné en le voyant

---

(ª) Bouchard de Montmorenci, grand-pannetier de France, se signala dans cette bataille ; il y fut dangereusement blessé. A peine guéri de sa blessure, le Roi l'envoya en Ambassade auprès d'Edouard III, pour le disposer à faire l'hommage de la Guienne. L'adresse & l'éloquence de Bouchard contribuèrent sans doute beaucoup moins à la soumission du Monarque Anglois, que la victoire de Cassel.

monter sur le premier trône de l'Europe, dont les fils de Philippe le Bel sembloient devoir l'exclure ; mais ces caresses de la fortune furent bien-tôt suivies des plus horribles désastres. Le fortuné Philippe devint en effet un des plus malheureux Princes de l'Univers ; son malheur sembla se communiquer à sa postérité, & sur-tout à ses sujets, qui, pendant plus d'un siecle, se virent en proie aux guerres civiles & étrangeres, à la famine & à la contagion. La France déchirée par les mains de ses citoyens, par celles des Anglois & des Flamands, inondée de sang, remplie de ruines & de débris, n'offre plus qu'un vaste champ, où regnerent long-temps le crime & la mort ; elle devint pour ses voisins, jaloux autrefois de sa grandeur & de sa puissance, un spectacle d'horreur & de compassion. Si après tant d'infortunes on la voit se relever heureuse & triomphante, il faut l'avouer, elle ne dut son salut & la victoire qu'au courage de la noblesse; mais combien de familles anciennes & illustres furent éteintes dans ces longues & fameuses querelles. Si la maison de Montmorenci n'éprouva pas le même sort, elle n'en fut redevable qu'à une protection particuliere de l'Etre suprême, qui tient entre ses mains la destinée des Empires & des familles; car enfin il n'y eut pas un seul Montmorenci qui ne prodiguât son sang & sa fortune pour la défense de ses Rois : plusieurs d'entr'eux furent tués, d'autres blessés ; ceux-ci eurent la douleur de voir leur héritage envahi par les rebelles ; ceux-là, prisonniers de guerre par le sort des armes, furent ruinés par les rançons énormes qu'on exigea d'eux.

1331. C'est dans le crime & l'audace d'un Prince du sang de nos rois, qu'il faut chercher l'origine des malheurs de la France. Personne n'ignore que le célebre Robert d'Artois, outré de ne pas trouver dans la complaisance de Philippe VI un appui à ses droits sur le comté d'Artois, tenta d'en imposer à la cour des Pairs par une fourberie indigne d'un prince & d'un homme d'honneur : il présenta de faux titres. Convaincu d'un crime aussi honteux, condamné, poursuivi, il chercha un asyle en Angleterre : bien-tôt Edouard III, encouragé par ce Prince proscrit, déclara la guerre à Philippe. Les Flamands toujours vaincus par les armes de la France, mais jamais domptés ; aussi braves que superstitieux, lui promirent de le seconder, à condition qu'il prendroit le titre de Roi de France. En agissant ainsi, ce peuple indocile ne songeoit qu'à éluder les traités par lesquels il avoit juré de ne jamais prendre les armes contre la France ; mais les vues d'Artevelle son chef, étoient de rendre les deux Rois irréconciliables.

1339. 1340. Déja Edouard III avoit détruit une flotte de cent vingt vaisseaux françois près de l'Écluse ; il assiégeoit avec cent mille Anglois,

glois, Allemands, Brabançons & Flamands, Tournai, le berceau de la Monarchie Françoise: la place étoit défendue par le comte d'Eu, connétable de France, & les maréchaux Robert Bertrand & Matthieu de Trie.

Telle étoit la situation des affaires, lorsque Charles de Montmorenci, jeune encore, mais plein du courage de ses peres, entreprit de se jetter dans Tournai, à la tête d'un nombre considérable de chevaliers ses vassaux & ses amis. Ses premieres armes furent malheureuses: trahi par la perfidie des habitants du pays, il fut surpris la nuit au pont de Cressin; presque tous ceux qui le suivoient chercherent leur salut dans une fuite honteuse. Charles, quoiqu'abandonné, se défendit long-temps; mais enfin après des prodiges de valeur, il succomba sous la supériorité du nombre; il fut pris & conduit en Angleterre. Malgré cet avantage, Edouard ne put se rendre maître de Tournai; & la cam-

Froissard, 1 vol. de ses Chron. chap. 42.

pagne finit par une treve, qui valut la liberté à Charles de Montmorenci. Il étoit à peine sorti de prison, que le Roi, pour le récompenser de son zele & de sa valeur, l'honora de la dignité de maréchal de France (a) : Montmorenci justifia le choix du Roi par des services plus éclatants & plus heureux.

Déja la guerre avoit recommencé avec plus de fureur entre les deux Nations, au sujet de la Bretagne. Jean III, surnommé *le Bon*, étoit mort, laissant ce bel héritage en litige entre Jean, comte de Montfort, son frere, & Jeanne la Boiteuse (b), sa niece, femme de Charles de Blois, de la maison de Châtillon. Philippe de Valois, qui sembloit devoir soutenir dans son Royaume la loi Salique, en vertu de laquelle il régnoit, embrassa la cause de Jeanne la Boi-

---

(a) Il n'y avoit alors que deux Maréchaux de France; cette charge étoit amovible.

(b) Jeanne étoit fille du comte de Penthievre, aîné du comte de Montfort.

teuse : Edouard, qui aspiroit à la couronne de France du chef de sa mere, défendit la loi Salique, en protégant le comte de Montfort : le parlement prononça en faveur de Jeanne ; mais le comte de Montfort, appuyé de l'argent & des armes d'Edouard III, s'étoit déja saisi de presque toute la Bretagne : il fallut combattre.

Toute la branche de Montmorenci Laval, qui avoit déja jetté de profondes racines en Bretagne, dans le Maine & en Anjou, se déclara en faveur de Jeanne la Boiteuse. Gui X, chef de la maison, avoit épousé Beatrix de Bretagne, sœur du comte de Montfort & tante de Jeanne ; en combattant pour cette Princesse, il agissoit en faveur de sa postérité, qui au défaut de ces deux branches, eût pu prétendre à la couronne de Bretagne. Cette guerre lui coûta la vie : il fut tué, comme on verra bien-tôt, à la bataille de la Rochederien.

Cependant le duc de Norman- 1342.

die, suivi d'une puissante armée commandée sous ses ordres par les maréchaux de Montmorenci & de Saint-Venant, étoit entré en Bretagne; il assiégeoit Nantes défendu par le comte de Montfort; la trahison combattit en sa faveur; Montfort lui fut livré; on conduisit ce malheureux Prince à Paris, & on le renferma à la Tour du Louvre.

La querelle étoit éteinte, si Montfort n'avoit pas épousé une héroïne. Jeanne de Flandre, sans s'amuser à pleurer les malheurs de son mari, ne chercha qu'à les venger: elle assembla les habitants de Rennes, leur présenta son fils âgé de cinq ans, & les exhorta à embrasser la défense de ce Prince, l'unique rejetton de la race mâle de leurs Souverains: le courage, la douleur, l'éloquence de la Comtesse, inspirerent à la multitude des sentiments aussi nobles que fiers; il n'y eut pas un seul bourgeois de la ville qui ne lui promît de se sacrifier pour elle.

A peine s'est-elle assurée de Rennes, qu'elle marche en campagne à la tête d'une poignée de soldats : elle livre des combats, forme & soutient des sieges : elle réalisa enfin, par la plus brillante valeur, tout ce qu'on lit dans les fables des anciennes Amazones. Edouard se joignit à elle; & bientôt la Bretagne presqu'entiere échappa à Charles de Blois.

Il ne lui restoit plus dans cette vaste Province que Rennes, qui étoit retombé sous son pouvoir, Nantes & Brest. Ces trois villes étoient assiégées à la fois par Edouard : mais il restoit à Charles de Blois de grandes ressources; les Rohans & les Lavals, chefs de la Noblesse, combattoient pour lui; toutes les forces de Philippe de Valois étoient en sa disposition.

Ce Prince, à la nouvelle des progrès des Anglois, avoit mis sur pied une armée de quatre mille hommes d'armes, & de trente mille hommes d'infanterie. Tout

1344.
Froissard.

ce qu'il y avoit de grand dans le Royaume, voulut avoir part à cette expédition : on voyoit dans l'armée, le roi de Navarre, le comte d'Alençon, frere du Roi; le duc de Bourbon; les comtes de Vendôme, de Boulogne & de Dammartin : c'étoient les maréchaux de Montmorenci & de Saint-Venant qui la commandoient, fous les ordres du duc de Normandie.

Ibidem.

Tout plia fous les efforts des François. Edouard leva d'abord le fiege de Nantes, enfuite celui de Rennes;

1344.

il raffembla toutes fes forces devant Vannes : on s'attendoit à une bataille qui décidât enfin cette fameufe querelle; mais Edouard, qui fembloit ne refpirer que les combats, prit le parti de fe retrancher; les Généraux François fuivirent fon exemple.

L'hyver étoit très-avancé, & les deux armées fouffroient également des rigueurs de la faifon, & fur-tout des pluies continuelles qui inonderent plufieurs fois le camp des François; ceux-ci au refte n'avoient qu'à lutter contre les injures de l'air, au lieu que les Anglois avoient encore à combattre contre la difette. Rien de plus fage que le plan des Généraux, de faire périr l'armée Angloife fans tirer l'épée; mais ce plan échoua par l'imprudence & la précipitation du Roi, qui fur ces entrefaites, arriva au camp. Plus fenfible aux cris des feigneurs qui fe plaignoient de l'inaction à laquelle on les réduifoit qu'à fes vrais intérêts, Philippe envoya défier Edouard au combat ; fur le refus de ce Prince, il confentit à une treve de trois ans, qui fut ménagée par les légats du Pape.

Cette faute de Philippe auroit au moins laiffé refpirer la France & la Bretagne, fi elle n'eût été fuivie d'une plus grande encore. Dans la derniere campagne, le fire de Cliffon & plufieurs barons de Bretagne, jufqu'alors partifans de Charles de Blois, s'étoient engagés fecrétement dans le parti de fon concurrent. Philippe, au mépris de la treve, réfolut de s'en

1345. venger: il fait publier dans toute l'Europe un tournoi pour célébrer les noces du duc d'Orléans son second fils: une foule de chevaliers accourut de la Bretagne pour prendre part aux réjouissances publiques. Olivier de Clisson, qui étoit du nombre, fut arrêté avec quatorze barons (a) de Bretagne. Le Roi, sans aucune forme de procès, les fit traîner nuds aux halles, où ils eurent la tête coupée. Il n'en fallut pas davantage pour soulever de nouveau le roi d'Angleterre contre la France: cette horrible infraction du droit des gens fut vengée par des torrents de sang. C'est ici, à proprement parler, l'époque des malheurs de la France.

Edouard, après avoir reproché au Roi de France dans les termes les plus injurieux sa cruauté, en-

(a) On met au nombre de ces barons les sires d'Avaugour & de Laval; on ignore qui pouvoit être le dernier. Gui X, sire de Laval, qui seul de la maison, étoit alors connu sous le nom de Laval, fut tué à la Rochederien.

voie une puissante armée en Guienne ; Derby qui la commandoit, gagna une victoire complette à Auberoche ; il fit la conquête de Bergerac, de la Réole, d'Aiguillon, place qui passoit alors pour une des plus fortes du Royaume, & qui lui fut lâchement rendue, de Montségur, de Montpesat, de Mauron, de Villefranche, de Miremont, de Tonneins, d'Angoulême : ce torrent menaçoit déja les bords de la Loire. Le Roi attaqué en même-temps en Normandie & en Bretagne, perdit, pour comble de malheur, l'amitié des peuples qu'il surchargea d'impôts : les monnoies furent altérées ; les tailles augmentées ; le sel qui jusqu'alors avoit été marchand, assujetti à des impositions ; jamais la nation n'avoit été si accablée : mais ce n'étoit que le commencement de ses calamités.

Cependant le duc de Normandie secondé des maréchaux de Montmorenci & de Saint-Venant, marchoit en Guienne pour

1345.

Froissard, Chap. 103, 104.

arrêter la fortune des Anglois; il apprit sur la route que les affaires étoient désespérées dans cette Province. Dans la crainte de hazarder sa réputation contre un général tel que Derby, il balança s'il poursuivroit sa route; mais enfin, sur les ordres réitérés du Roi & sur la promesse d'un puissant renfort, il continua sa marche, & arriva à Toulouse à la fin de Décembre.

Ibidem.

Quoiqu'on fût au milieu de l'hyver, Montmorenci à la tête d'un détachement, entama la campagne: il réduisit les forteresses de Miremont & de Villefranche, & forma le siege d'Angoulême : le duc de Normandie le joignit devant cette place avec le reste de l'armée.

1346.

Angoulême fut vaillamment défendue par le sire de Norwick; mais enfin voyant qu'il n'avoit nulle espérance d'être secouru, parce que le comte de Derby avoit dispersé son armée dans les places de la Guienne, il eut recours à la ruse pour sauver sa garnison,

Le premier de Février il se présente sur les remparts, & demande à parler au duc de Normandie, ou à l'un des deux maréchaux: le Prince parut; Norwick, après l'avoir salué un genou en terre, selon l'usage, le supplia de lui accorder une treve de vingt-quatre heures, pour célébrer la Fête du lendemain. La treve lui fut généreusement accordée : il en profita pour sortir de la ville avec la garnison & les bagages; mais étant arrivé aux barrieres du camp, on l'arrêta ; il réclama la parole du Duc : ce Prince en apprenant le stratagême du Gouverneur, n'en fit que rire : *Laissons-le aller, de par dieu,* dit-il aux maréchaux, *& contentons-nous d'avoir la ville.*

La conquête d'Angoulême fut suivie de celle de Damassen, dont la garnison qui s'étoit laissée emporter d'assaut, fut passée au fil de l'épée : c'est avec cette alternative de générosité & de barbarie qu'on faisoit alors la guerre. Tonneins,

Froissard; Chap. 120.

La Purification de la Vierge.

le port Sainte-Marie tomberent aussi entre les mains du duc : ces expéditions ne lui coûterent que deux mois de temps.

Pendant que ce Prince réparoit ainsi les malheurs de la derniere campagne, le comte de Derby achevoit de rendre Aiguillon imprenable ; il y jetta l'élite de ses forces. Gauthier de Mauny, l'un des plus grands capitaines de ce siecle, se chargea de la défense d'Aiguillon : il étoit secondé par le comte de Pembrock, & par tout ce qu'il y avoit de plus braves chevaliers en Angleterre & en Gascogne.

Ces préparatifs n'étonnerent point le duc de Normandie ; il entreprit cette expédition au commencement du mois d'Avril : le siege fut long, difficile & mémorable ; tout ce que l'art & la valeur offroient alors de ressources pour vaincre, fut employé de part & d'autre ; mais quoique le duc de Normandie reçût tous les jours de nouveaux secours de la part des seigneurs François, qui brûloient du desir de signaler leur courage sous les yeux de l'héritier de la Couronne, il ne fit que des progrès très-lents: c'est que les Anglois l'emportoient alors sur les François par la discipline & la science de la guerre.

De tous les combats qui se livrerent sous les murs de la ville, le plus célebre fut celui qui s'engagea entre Gauthier de Mauny & le maréchal de Montmorenci. Gauthier sorti de la ville avec un grand nombre de chevaliers, étoit tombé sur le quartier du Maréchal; mais celui-ci le reçut avec tant de valeur, que Gauthier fut battu & repoussé; il alloit être tué ou pris si le comte de Pembrock ne fût venu le dégager avec le reste de la garnison.

1346.
Froissard chap. 121.

Quoique la place fût défendue avec un courage héroïque, il étoit impossible qu'elle ne tombât enfin au pouvoir du duc de Normandie : Aiguillon une fois pris, la Guienne dont elle étoit le rempart, devenoit la proie des François. Edouard inquiet de la deftinée de cette belle Province, avoit obtenu de fon parlement des fecours immenfes pour voler à fa défenfe. Déja il s'étoit embarqué avec le prince de Galles fon fils, & une armée floriffante, fur une flotte d'onze cents vaiffaux, pour faire lever le fiege d'Aiguillon ; mais comme il navigeoit vers les côtes de Gafcogne, les vents contraires le repouffent fur celles d'Angleterre. C'eft alors que Géofroi d'Harcourt, l'un des plus grands feigneurs de Normandie, qui pour éviter la haine implacable de Philippe de Valois, s'étoit réfugié en Angleterre, preffa Edouard d'attaquer la Normandie. Il lui repréfente qu'il n'y a ni troupes ni places fortifiées dans cetre riche Province ; que le peuple immenfe dont elle eft remplie, amolli par les délices de la paix, mécontent du gouvernement, ne refpire que la domination Angloife ; enfin il lui répond du fuccès fur fa tête.

Ibidem.

Édouard, après avoir quelque temps balancé, fit voile vers la Normandie : l'événement juſtifia les prédictions de Géofroi d'Harcourt : à peine les Anglois eurent abordé la côte, qu'ils s'emparerent de Barfleur, de Valogne, de Carentan, de Saint-Lo & de Cherbourg. Caen défendu par le connétable de France en perſonne, fut emporté d'aſſaut : des côtes de Normandie, Edouard étoit déja aux portes de Paris.

1346.

Philippe à l'approche de l'orage, avoit mandé le maréchal de Montmorenci avec une partie de l'armée qui étoit devant Aiguillon : le duc de Normandie n'en continua pas moins le ſiege ; mais il fut obligé de le lever après la perte de la bataille de Crecy.

Montmorenci qui étoit accouru à grandes journées, trouva le Roi à S. Denis, à la tête d'une armée où l'on comptoit près de cent mille hommes, & preſque point de ſoldats.

Cependant les Communes émues 1346.

du danger de l'Etat, avoient pris les armes dans toutes les provinces; on avoit rompu les ponts; on coupoit de toutes parts aux Anglois la retraite & les vivres : Edouard qui avoit fait trembler Paris, commençoit à trembler à son tour.

Dans cette situation critique, ce Prince ne vit d'asyle pour lui qu'en Flandre ; il prit donc la route de Picardie : poursuivi, harcelé par une armée trois fois plus nombreuse que la sienne, il ne pouvoit presque faire un pas sans combattre ; il falloit s'ouvrir tous les passages l'épée à la main. Arrivé sur les bords de la Somme, son péril augmenta ; tous les ponts étoient rompus ou gardés par de nombreux corps de troupes : mais sa fortune le sauva encore ; il trouva parmi les prisonniers qu'il avoit faits, un françois assez indigne de ce nom, pour lui indiquer le gué de Blanquetaque, au-dessous d'Abbeville.

Continuatio Nangii. Froissard, ch. 126, 127, 128.

Edouard n'eut pas plutôt passé la Somme, qu'il alla choisir un camp admirable dans les plaines de Crecy. Philippe de Valois parut le lendemain avec son armée : en voyant l'ordre & la contenance des Anglois, plusieurs chevaliers l'engagerent à différer le combat jusqu'au lendemain : le Roi y consentit. On envoie ordre sur le champ aux premiers corps qui marchoient à l'ennemi de s'arrêter; mais ceux-ci persuadés qu'on veut donner à d'autres corps le poste qu'ils occupent, au lieu d'obéir, continuent la marche; l'armée entiere les suit; c'est ainsi qu'entraîné par l'indiscipline & l'impétuosité des siens, Philippe de Valois se vit forcé de combattre.

On n'ignore pas quel fut le succès de la bataille; jamais les François, depuis la journée de la Massoure, n'éprouverent de plus terrible désastre; la moitié de l'armée fut ensévelie dans les plaines de Crecy (a), l'autre dispersée par la

---

(a) Gui de Laval, sire de Coymel & de Méry en Picardie, fut tué dans cette journée; il étoit petit-fils de Gui de Montmorenci, sire de Laval; il laissa un fils qui fut seigneur

fuite. On doit avouer à la gloire du Roi, qu'il fit des prodiges de valeur : il y avoit plus de deux heures que la nuit étoit arrivée, que ce Prince combattoit encore avec Montmorenci, Jean de Hainaut, les sires de Beaujeu, d'Aubigny & de Montfort ; mais enfin Jean de Hainaut & Montmorenci occupés du salut de l'Etat qui résidoit en la personne du Roi, l'arracherent malgré lui de ce champ de carnage. Le Roi suivi de ces cinq seigneurs, arriva sur le minuit au château de Broies, dont les portes étoient fermées : *Ouvrez, Châtelain, ouvrez*, lui cria le Roi ; *c'est la fortune de la France.* Après quelques heures de repos, il sor-

Froissard chap. 139.

d'Attichy, de la Male-Maison, du Moncy, de Nointel, de S. Aubin, de Conflans, de Coymel, de Mery & de Chantilly ; ce fils appellé aussi Gui de Laval, vendit la terre de Chantilly à la maison d'Orgemont, d'où elle est passée à la branche des ducs de Montmorenci, & delà à la maison de Condé. Ce Gui de Laval avoit épousé, 1°, Isabeau de Châtillon ; 2°, Ade de Mailly ; il eut de la premiere un fils mort sans enfants de Jeanne de Néelle de Clermont ; ses biens ont passé à la maison de la Roche-Guyon.

tit du château, & se fit conduire à Amiens où il rallia les débris de sa défaite.

Le premier soin de l'infortuné Monarque fut de faire éclater sa reconnoissance envers les cinq chevaliers qui n'avoient jamais voulu l'abandonner : il donna en particulier à Montmorenci la charge de chambellan; il lui confia en même-temps le gouvernement de Picardie, d'Artois & de tout ce qu'il possédoit en Flandre. Montmorenci plus avide de gloire que de dignité, se défit de sa charge de maréchal de France en faveur du sire de Beaujeu son beau-frere; il y avoit quelques années qu'il avoit cédé celle de grand-pannetier au sire d'Hangheft.

Cependant la Picardie étoit de toutes les Provinces du Royaume, la plus exposée aux armes victorieuses des Anglois, maîtres de Calais, & aux brigandages des Flamands. Montmorenci n'eut pas plutôt pris possession de son gouvernement, qu'il battit ces der-

1347.
1348.

niers auprès de Quesnoy sur la Lys : Oudart de Renty qui les commandoit ne se sauva qu'avec beaucoup de peine, laissant douze cents hommes sur la place. Cette victoire sauva Béthune, Lille & Douai : l'activité, la valeur & la vigilance de Montmorenci délivrerent l'Artois & la Picardie des courses de l'ennemi.

<small>*Annales de Flandres.*</small>

<small>1348.</small>

Mais les succès de Montmorenci n'étoient que de foibles dédommagements des revers qu'on éprouvoit par-tout ailleurs : Charles de Blois perdoit alors une bataille complette auprès de la Rochederien ; tout ce qu'il y avoit de grand dans son parti fut tué ou pris ; Gui X, sire de Laval, y périt en faisant des prodiges de valeur ; son fils aîné y fut blessé & pris avec le vicomte de Rohan ; l'infortuné Charles de Blois, percé de dix-sept blessures, éprouva le même sort.

<small>*Belleforêt, liv. 5 de ses Ann. chap. 14.*</small>

Une treve ménagée par le Pape, laissa respirer la France, qui commençoit à succomber sous le poids de tant de désastres ; mais cette treve fut suivie d'une peste telle que nos climats n'en ont jamais éprouvée de plus mortelle ; elle enleva à la France & à l'Angleterre la quatrieme partie de ses habitants.

C'est au milieu de ces calamités que Philippe de Valois, âgé de cinquante-six ans, vaincu, accablé de travaux & d'ennui, alluma le flambeau d'un second hyménée : il épousa Blanche de Navarre, la plus belle femme de son siecle, qui n'en avoit que dix-sept : cette union abréga les malheureux jours du Roi ; il laissa au duc de Normandie un Royaume vaste, mais épuisé. 1349.

Jean I, aussi brave & plus infortuné encore, témoigna à Charles de Montmorenci la même confiance que Philippe de Valois ; il se reposa uniquement sur lui de la défense de la Picardie, de l'Artois, & des villes de Flandres. Charles avec une poignée de chevaliers, contint pendant cinq ans les Anglois & les Flamands. 1350.

1356.

Mais pendant que Montmorenci ſignale ainſi ſa vigilance, le Roi éprouvoit dans les plaines de Poitiers tout ce que l'infortune a de plus accablant. Avec une armée ſix fois plus nombreuſe que celle des Anglois; après des prodiges de valeur, Jean fut vaincu, bleſſé & pris avec le ſecond de ſes fils : l'indiſcipline, le mépris de l'ennemi, la précipitation, furent à Poitiers comme à Creci, la cauſe du déſaſtre de la nation. Thibaut de Laval, ſire de Loué, combattit dans cette terrible journée, avec un courage digne de ſon nom; il fut tué en défendant juſqu'à la derniere extrémité la perſonne ſacrée du Roi.

Froiſſard chap. 164.

Ce revers affreux mit le comble aux calamités de la France; toutes les Provinces du Royaume devinrent la proie des Anglois, des Navarrois, & d'une infinité de brigands de toutes nations qui ſe joignirent à eux. A ce fléau ſe joignit celui des révoltes & des conſpirations. Les quatre années qui ſuivirent la perte de la bataille de Poitiers, ne sont marquées dans nos Annales que par le pillage, le meurtre, l'incendie, le viol, les attentats les plus monstrueux; on s'égorgeoit à Paris, dans les grandes villes, à la campagne. Pour comble d'infortune, les paysans dépouillés de tout, se soulevent; ils se jettent comme des bêtes féroces sur les gentilshommes, auxquels ils font souffrir les supplices les plus affreux. Dans ces convulsions de l'Etat, un nombre infini de villes, de bourgs & de châteaux furent pris, détruits & brûlés: la ville de Montmorenci, assez grande alors, éprouva le même sort; les brigands qui s'en emparerent, renverserent le château qui n'a jamais depuis été rebâti.

Le seigneur de cette ville infortunée, plus sensible aux maux de la patrie qu'à ses désastres particuliers, étoit accouru à Paris pour aider le Dauphin de sa personne & de ses conseils. Il trouva le jeune Prince environné de traîtres, en but à tous les crimes & à tous les pieges du Roi de Navarre, à la merci d'une populace féroce & insensée; ses plus fideles serviteurs avoient été égorgés à ses yeux; lui-même n'avoit échappé au poison préparé par le Roi de Navarre, que par la force de son tempérament : c'est dans le sein de l'infortune & des contradictions, que le Dauphin acquit cette connoissance des hommes, cette expérience, cette sagesse, ce courage d'esprit & cette application, qui depuis en ont fait un de nos plus grands Rois. A l'exemple de son pere & de son aïeul, le Dauphin honora le sire de Montmorenci de toute sa confiance; celui-ci lui rendit les services les plus signalés; il fut un des principaux négociateurs du traité qui le réconcilia avec Charles le Mauvais, roi de Navarre.

1358.

Froissard, Annales de France, sous le Roi Jean.

Cependant le Roi d'Angleterre étoit entré en France avec une armée redoutable, pour achever la conquête d'un Royaume foible, divisé, dévasté : le Dauphin éclairé par

par l'expérience & les malheurs de ses peres, lui opposa le plan de défense le plus sage & le mieux concerté ; il lui abandonna la campagne qui n'étoit couverte que de ruines, de débris & de ronces, pour conserver les principales places. Edouard échoua devant Rheims ; la disette & les combats affoiblirent son armée ; enfin après s'être montré aux portes de Paris, il se retira auprès de Chartres. Ce fut-là, que de l'aveu de tous les historiens, ce conquérant épouvanté d'un orage affreux, crut reconnoître dans cet événement, qui n'avoit rien que de naturel, l'ordre du Ciel de donner la paix à la France. Le Chancelier, Montmorenci, Boucicault, Tancarville, allerent négocier avec ce Roi, maître d'une partie de la France, & destructeur de l'autre.

1360.

Froissard, chap. 211.

Annales de France.

Le traité fut signé à Bretigny : les avantages que le vainqueur exigea sont énormes ; il fallut céder le Poitou, le Limousin, le Périgord, la Xaintonge, l'Angoumois, le Quercy, le Rouergue, Calais & Guines. Si l'on ajoute à ces provinces la Guienne dont Edouard étoit en possession, & qu'on vienne à réfléchir que la France n'avoit alors ni la Bretagne, ni la Provence, ni la Bourgogne, ni la Franche-Comté, ni la Lorraine, ni le Roussillon, ni le Béarn, on avouera que les Rois d'Angleterre étoient plus puissants en France que nos Rois même. Ce n'est pas encore là tout ; après avoir ainsi misérablement démembré la France, Edouard acheva de la ruiner, en exigeant pour la rançon du Roi Jean trois millions d'écus.

C'est pourtant ce traité dont les conditions étoient si accablantes, qui sauva la France.

Froissard, chap. 213. De Bretigny, Montmorenci se rendit à la tête d'une célebre ambassade, à Louviers, pour recevoir le serment que fit le prince de Galles d'observer le traité.

Ibidem. Edouard avoit exigé qu'on lui donnât quarante otages à son choix, jusqu'à ce que le Roi eût exécuté toutes les conditions de la paix : les ducs d'Anjou & de Berry, fils du Roi ; le duc d'Orléans, son frere ; les comtes d'Alençon & d'Estampes, princes du sang, & trente-cinq des plus grands seigneurs du Royaume, au nombre desquels on comptoit Charles de Montmorenci, & son cousin Guillaume de Montmorenci, sire de Nangis, passerent en Angleterre à la place du Roi : Montmorenci s'engagea de plus à payer avec les ducs d'Anjou, de Berry & d'Orléans, la somme de deux cents mille écus d'or, qui faisoient partie de la rançon du Roi; ce Seigneur se vit obligé, pour satisfaire à ses engagements, de vendre son hôtel de Paris, & une partie de son patrimoine.

Meyer, Annales de France, liv. 13.

A son retour d'Angleterre, où il passa plusieurs années, Montmorenci fut reçu de Charles V, qui occupoit alors le trône, avec l'accueil que méritoient sa grandeur d'ame & ses services. Peu de temps après, Charles qui le re-

1361.

gardoit comme le chevalier le plus vertueux de son Royaume, lui donna une marque singuliere d'estime & d'amitié; il le choisit préférablement à toutes les têtes couronnées de l'Europe, & à tous les princes de son sang, pour être (a) seul parrain du dauphin depuis Charles VI: le jeune Prince fut baptisé le 11 Décembre 1368, dans l'église de S. Paul, avec une pompe royale; la comtesse d'Evreux, princesse du sang, portoit l'enfant; elle étoit précédée de la Reine douairiere de France, des ducs de Berry, de Bourgogne, d'Orléans, de Bourbon, de tous les Princes du sang, & des grands du Royaume; venoit ensuite, dit l'ancien historien, *monseigneur de Montmorenci qui le tint sur Fonts, & fut nommé Charles, pour monseigneur de Montmorenci qui ce même nom portoit;*

Jean Chartier, histoire de Charles V. 1368.

(a) Ce n'est pas le seul honneur de cette espece que nos Rois aient fait aux Montmorencis; le connétable Anne fut parrain du duc d'Alençon, fils d'Henri II. Charlotte-Marguerite de Montmorenci, princesse de Condé, fut marraine de Louis XIV.

ce fut le Cardinal de Beauvais, chancelier de France, assisté du Cardinal de Paris, des Archevêques de Lyon, de Sens, des Evêques d'Evreux, de Coutances, de Troies, d'Arras, de Meaux, de Noyon, des Abbés de S. Germain-des-Prés, de Sainte Geneviéve, de S. Victor & de S. Magloire, qui le baptisa. *Ibidem.*

Depuis cette époque, Charles de Montmorenci ne paroît dans l'histoire qu'avec l'olivier de la paix : il négocia avec le Roi de Navarre le traité de Vernon, le plus avantageux que nos Rois eussent conclu depuis long-temps. Le Roi pour dédommager le Navarrois de ses prétentions sur la Champagne, la Brie, la Bourgogne, Mante & Meulan, lui accorda la baronnie de Montpellier : c'étoit alors le temps des triomphes de Charles V ; ses négociations étoient appuyées par la réputation de ses armes toujours victorieuses entre les mains de du Guesclin. Le traité fut suivi d'une 1378.

entrevue entre les deux Monarques. Mais Charles le Mauvais ne consentit à se remettre entre les mains d'un Prince, dont il avoit tant de fois conspiré la ruine, qu'à condition qu'on lui donneroit pour otages le comte de Ponthieu, prince du sang ; & sur-tout Charles de Montmorenci, qu'il savoit être extrêmement cher au Roi. Le résultat de toutes ces négociations fut que Charles le Mauvais, qui depuis plus de vingt ans étoit le fléau de la France, se retira en Navarre, laissant ses deux fils à la Cour.

1381. Charles de Montmorenci mourut le 11 Septembre 1381, chéri, honoré, respecté de la nation, pour laquelle il avoit si souvent sacrifié sa vie & sa fortune : il est enterré dans l'Eglise de Notre-Dame du Val, où l'on voit son tombeau.

Dans des temps d'orage & de trouble, dans l'un des siecles les plus corrompus de la Monarchie, Charles de Montmorenci se rendit illustre par les vertus qui honorent le plus l'humanité ; quoiqu'il fût un des plus vaillants chevaliers du Royaume, l'Angleterre & la France offrent dans le même-temps des guerriers plus heureux, plus célebres par de grands exploits ; mais elles n'en offrent point qui eût plus de dignité dans sa conduite & ses mœurs, plus de franchise, de grandeur d'ame, d'honneur, de zele, de respect & de tendresse pour la personne sacrée de ses Rois.

Ce n'est encore une fois que parce qu'il le regardoit comme le chevalier le plus sage de son Royaume, que Charles V qui se connoissoit si bien en hommes, voulut qu'il tînt son fils sur les Fonts de baptême. Heureuse la France, si le jeune Prince né avec le courage d'un héros, eût eu le génie de son pere & les vertus de son parrain.

Au reste, Charles de Montmorenci n'étoit pas le seul seigneur de sa maison qui se distinguât alors par des vertus héroïques ; Gui XII, sire de Laval, de Vitré, de Gaure, comte de Caserte au Royaume de Naples, curateur du Duc de Bretagne Jean V, gouverneur & administrateur de la Bretagne, fut un des plus illustres chevaliers de son siecle ; il étoit fils de Gui X, sire de Laval, & de Béatrix de Bretagne ; son pere avoit été tué à la bataille de la Rochederien ; son frere Gui XI y avoit été pris. Les malheurs de sa maison ne l'empêcherent point de combattre jusqu'à la derniere extrémité en faveur de Charles de Blois : en 1356, année célebre par le désastre du Roi Jean, il se jetta avec le vicomte de Rohan, & le sire de Dinan, dans Rennes, assiégée par le duc de Lancastre. Jamais ville ne fut défendue avec plus de courage & de constance : du Guesclin qui commençoit alors cette carriere immortelle qui l'éleva au-dessus de tous les généraux de son siecle, étoit venu à bout de pénétrer dans la ville ; elle devint dès-lors imprenable :

cependant

Histoire de Bretagne, tom. I, p. 276.

.1347.

Ibidem p. 287.

cependant, quoique les Anglois eussent été repoussés dans tous les assauts qu'ils avoient livré ; quoiqu'il y eût une treve signée entre la France & l'Angleterre, 1356. dans laquelle on avoit compris la Bretagne ; telle étoit l'opiniâtreté du duc de Lancastre qu'il ne vouloit pas abandonner son entreprise ; il avoit juré d'entrer dans Rennes, & d'arborer ses étendarts sur les remparts de cette ville. Les Généraux ayant appris son serment, convinrent de le laisser entrer dans la place lui dixieme, pour les planter sur les murailles ; mais il ne fut pas plutôt sorti de la place, qu'ils furent renversés & jettés par terre. C'est avec ce courage que Laval soutint les intérêts de Charles de Blois, jusqu'à ce que ce malheureux prince, après une guerre de vingt-trois ans, ayant perdu la couronne & la vie à la bataille d'Aulroy, Laval se soumit avec toute la Bretagne au vainqueur. Le Roi de France lui-même dût se trouver heureux de voir Jean de Montfort lui rendre hommage d'un duché qu'il n'avoit recouvré qu'avec l'appui des Anglois. Le traité qui mit fin à une querelle si longue, si triste & si sanglante, fut signé à Guerrande en 1365.

A la valeur la plus brillante, Laval joignoit la franchise, la grandeur d'ame & la générosité. Bertrand du Guesclin avoit été pris à la bataille d'Aulroy ; il languissoit en prison faute de pouvoir payer une somme de cent mille livres que Jean Chandos exigeoit pour sa rançon. Cette somme (*) qui feroit aujourd'hui plus d'un million, étoit au-dessus de la fortune de ce grand homme ; mais enfin le Roi de France, Charles V, ayant contribué de quarante mille francs, Laval répondit généreusement du reste, & du Guesclin recouvra la liberté.

Jamais chevalier ne témoigna

_____
(*) Jean de Laval, sire de Châtillon, pris à la même bataille, paya une rançon de cent vingt mille livres,

plus de reconnoissance que du Guesclin ; Laval & lui furent unis par les liens de la plus tendre amitié. Laval suivit du Guesclin dans toutes ses expéditions contre les Anglois & les Navarrois ; il eut la gloire de contribuer avec Rohan, Clisson, Rieux, Beaumanoir & tous les héros dont la Bretagne étoit alors remplie, aux victoires de ce grand capitaine ; il commandoit sous lui un corps d'armée en 1372 : cette campagne fut célebre par la conquête du Poitou, de la Xaintonge & du pays d'Aunis.

1370.
Histoire de Bretagne, tom. 1. p. 340.

1372.

Pendant qu'on chassoit les Anglois de ces provinces, on apprit que le duc de Bretagne se livroit entiérement à eux. Rohan, Clisson & Laval, réputés les chefs de la noblesse de Bretagne, firent signifier au Duc, que s'il ne renonçoit à ses liaisons avec les ennemis de la France, ils l'abandonneroient & le chasseroient de ses Etats.

Ibidem ; p. 342.

Jean naturellement haut, fier, & brave, se mocqua de leurs menaces ; mais il ne tarda pas à s'en repentir. En effet, le Roi ayant envoyé une armée sur les frontieres de Bretagne, ces trois Seigneurs se joignent au connétable qui la commandoit : en moins de trois mois la Bretagne fut subjuguée, & le Duc contraint d'aller chercher un asyle en Angleterre.

L'Angleterre fit en vain les plus grands efforts pour le rétablir dans ses Etats : Jean V, malgré son courage & l'appui de ses alliés, seroit peut-être mort détrôné & fugitif, si Charles V, au mépris de la justice, & des loix, n'eût entrepris de réunir la Bretagne au domaine de la Couronne. Les Barons qui, sur le seul soupçon de l'alliance de Jean V avec les Anglois, en avoient agi à son égard avec tant de fierté, témoignerent le même courage contre le Roi de France ; ils ne pouvoient soutenir l'idée de voir leur patrie devenir une province de l'Empire François.

Il est constant que Charles V en confisquant la Bretagne, commet toit une injuſtice envers Jeanne la Boiteuſe, comteſſe de Penthievre. En effet, par un des articles du traité de Guerrande conclu par la médiation du Roi même, il avoit été ſtipulé qu'au défaut de Montfort & de ſa poſtérité maſculine, Jeanne ou ſes enfants ſeroient appellés à la ſucceſſion du duché. Cette Princeſſe, ainſi que les Barons de Bretagne, prétendoient d'ailleurs que le duché n'ayant jamais fait partie de la Monarchie, ne pouvoit être confiſqué par un arrêt. Mais ces raiſons paſſoient pour vaines & illuſoires en France; depuis que les comtes & les ducs de Bretagne avoient fait hommage aux Ducs de Normandie, & enſuite aux Rois de France, la Bretagne étoit regardée comme un arriere-fief de la Couronne. Au reſte, les remontrances de Jeanne la Boiteuſe furent à peine entendues : Charles fier d'avoir dompté le Roi de Navarre, & chaſſé les Anglois de tout ſon Royaume, où ils ne poſſédoient plus que

Bourdeaux, comptant d'ailleurs sur l'amitié & même sur la reconnoissance des chefs de la noblesse de Bretagne, poursuivit vivement la procédure. Le 18 Décembre 1378, Jean de Montfort, chevalier, n'agueres duc de Bretagne, fut déclaré par un arrêt solemnel, criminel de leze-majesté ; son duché de Bretagne & ses autres domaines en France, furent confisqués, sauf les droits des enfants de Charles de Blois.

Histoire de Bretagne, tome 1, page 363.

Cet arrêt n'eut pas plutôt été rendu, que le Roi appella à Paris le connétable du Guesclin, Rohan, Laval & Clisson ; il leur exposa les raisons qui l'avoient engagé à confisquer la Bretagne ; il leur demanda leurs secours, & sur-tout les places fortes qu'ils possédoient dans la province, afin de les défendre contre les Anglois & Montfort.

Quoique ces Seigneurs s'attendissent à un pareil discours de la part du Roi, ils n'en parurent pas moins surpris & déconcertés ; cependant ni le connétable, ni Rohan, ni Clisson, n'oserent répliquer au Monarque ; ils lui promirent même tout ce qu'il exigeoit d'eux ; il n'y eut que Laval, qui dans une occasion auffi critique, méprifant le danger qui le menaçoit, ofa s'expliquer en héros : il dit au Roi que les liens qui l'uniffoient avec le Duc de Bretagne, dont il étoit coufin-germain, ne lui permettoient pas d'opiner dans un confeil où il s'agiffoit de le dépouiller de fon patrimoine ; qu'il étoit au défefpoir de ce que le Duc avoit encouru l'indignation du Roi, mais qu'il ne défefpéroit pas encore de le voir rétabli dans fes bonnes graces ; qu'en attendant il conjuroit S. M. de ne rien précipiter dans une affaire fi importante : *Quant à mes places*, ajouta-t-il, *je ne me repoferai que fur moi-même de leur confervation.*

Il ne paroît pas que les remontrances auffi hardies que généreufes de Laval aient irrité le Roi ; peut-être que ce Prince fage, humain, modéré, qui dans toute fa vie n'avoit été qu'une fois injufte,

Argentré,

1379.

l'en estima davantage.

Ibidem.

Quoi qu'il en soit, dès le lendemain Laval assembla dans son hôtel tous les Barons de Bretagne qui se trouvoient à Paris ; il leur tint un discours plein de force, pour les engager à demeurer fideles à leur Prince : il finit en disant qu'il s'opposeroit de toutes ses forces à l'injuste arrêt qui avoit été prononcé, & qu'il mourroit plutôt qu'il lui fût jamais reproché, à lui & aux siens, d'avoir trahi son Seigneur, son parent, & sa patrie. Tous les Seigneurs animés du même zele, promirent à Laval de combattre avec lui jusqu'à la derniere extrémité, en faveur du Duc. Dès le lendemain Laval, Rohan & les autres Barons, dans la crainte d'être arrêtés, se retirerent précipitamment en Bretagne.

1379.

Ils trouverent la province plongée dans la douleur & le désespoir ; mais leur présence ranima le courage & l'espérance du clergé, de la noblesse & des communautés : bien-tôt ce même peuple qui avoit chassé son Souverain, pour s'être trop fortement attaché aux Anglois, fit les vœux les plus ardents pour son retour; on prit par-tout les armes pour maintenir envers & contre tous *le Droit Ducal.*

Le duc de Bretagne exilé en Angleterre, apprit par une célebre députation qu'il reçut de la part de ses sujets, une révolution si générale, si imprévue, si agréable.

Il ne tarda pas de se rendre à Saint-Malo : une foule de gentilshommes se jetterent dans l'eau pour jouir plutôt de la vue de ce Prince autrefois si odieux. Arrivé à Dinan; Laval, Rohan, Châtillon, leurs parents, leurs amis, leurs vassaux, la comtesse de Penthievre elle-même, qui lui avoit fait une guerre si vive, si implacable, se rendirent auprès de lui. Il seroit difficile d'exprimer avec quelles démonstrations de tendresse, de joie & de respect, il fut reçu dans toutes les villes de ses Etats.

Histoire de Bretagne, tome I, page 366.

Cependant le duc d'Anjou étoit arrivé avec une armée sur les frontieres de la Bretagne pour exécuter l'arrêt de confiscation ; mais tous les chevaliers Bretons dont le Roi avoit acheté les services au poids de l'or, l'abandonnerent pour aller combattre auprès de leur Prince ; il n'y eut que le connétable, attaché à la couronne par sa dignité, & Cliffon dont la haine contre le Duc étoit irréconciliable, qui fervirent le Roi dans cette expédition ; encore s'appercevoit-on aifément de la répugnance avec laquelle ces deux grands hommes portoient les armes contre leur patrie.

1379.

Déja le Duc avoit trouvé dans l'amitié de fes fujets de l'argent & une armée plus confidérable que celle qui venoit le combattre : il s'avança vers le duc d'Anjou ; mais il eut la gloire de vaincre fans tirer l'épée : à fon approche l'armée françoife fondit, fe débanda : il ne tenoit qu'au Duc de ravager l'Anjou, le Maine & le Poitou ; mais ce Prince devenu plus fage par l'adverfité, ufa modérément de fes avantages ; il confentit à une treve d'un mois, & il convint avec le duc d'Anjou de remettre la décision de sa querelle avec le Roi, à l'arbitrage du duc d'Anjou même, du comte de Flandres, des sires de Rohan, de Laval, de Montafilant & de Beaumanoir.

La modération du Duc de Bretagne ne fit aucune impression sur l'ame du Roi ; il blâma l'engagement du duc d'Anjou ; & la guerre recommença. Charles V ne vit point la fin de cette querelle : il mourut en 1380. *Ibidem.*

Le premier soin du duc d'Anjou, régent de France pendant la minorité de Charles VI, fut de terminer la guerre : le sire de Laval négocia avec lui un traité qui fut signé à Paris le 15 Janvier 1381.

La réconciliation du Duc avec le Roi, permit à tous les chevaliers de Bretagne de prendre part aux exploits des François en Flandre. Rohan, Laval, Rieux, à la tête de leurs compagnies d'hommes d'armes, joignirent le connétable de Clisson qui commandoit l'armée sous les ordres du Roi, jeune Prince à peine âgé

1382.

de quinze ans, mais déja plein du courage de ses peres. Le connétable s'étant avancé à la tête d'un détachement de deux mille hommes d'armes pour forcer le pont de Commines sur la Lys défendu par huit mille Flamands, se trouva dans un grand embarras; mais pendant qu'il escarmouche avec l'ennemi, Laval, Rohan, du Guesclin, frere du feu connétable, passent la Lys avec quatre cents hommes d'armes, une lieue au-dessous de Commines. Le connétable inquiet de la destinée de ces braves chevaliers, permit à une partie de ceux qui l'accompagnoient d'aller prendre part au danger & à la gloire. Louis de Sancerre & quelques autres se portent au-delà de la riviere, joignent les Bretons, & tous ensemble fondent sur l'ennemi avec tant de courage, qu'ils le défont entiérement. Le pont de Commines fut réparé : quelques jours après le Roi remporta sur les Flamands la victoire décisive de Rosebeque.

Les succès du Roi, son ardeur

Histoire de Bretagne, tome 1, page 386.

martiale le déterminerent quelques années après à porter le théâtre de la guerre en Angleterre pour venger la honte & les désastres de Philippe de Valois & de Jean I. Ses premiers préparatifs échouerent par la jalousie du duc de Berry son oncle.

L'année suivante, ce Prince prit des mesures plus sages: déja il avoit 1386. rassemblé dans les ports de Normandie un armement considérable. Clisson, sur le génie & le courage duquel il comptoit principalement, avoit préparé en son particulier une flotte de soixante vaisseaux à Tréguier. Le jour du départ étoit marqué; tout sembloit annoncer un succès glorieux, lorsqu'un accident déplorable vint détruire de si grandes espérances.

Clisson (ª), qui du sein de l'infortune, s'étoit élevé par son courage à la plus haute fortune, n'avoit cessé de braver le duc de Bre- 1387. tagne son Souverain, qu'il accusoit d'ingratitude à son égard. Le Duc de son côté avoit conçu une

(b) On sait que son pere avoit eu la tête coupée sous Philippe VI.

haine mortelle contre un vassal aussi puissant que lui. Clisson venoit de mettre le comble à la jalousie du Duc en négociant le mariage de la seconde de ses filles avec le comte de Penthievre, qui depuis trente ans étoit détenu prisonnier en Angleterre : déja Clisson avoit promis de payer pour ce Prince infortuné une rançon de cent vingt mille livres ; mais quelque secretes que fussent les vues du connétable, le duc de Bretagne les pénétra. Persuadé que l'ambitieux Clisson n'avoit d'autre projet que de le détrôner, il jura sa perte ; mais pour mieux assurer sa vengeance, il dissimula son ressentiment.

Les Etats de Bretagne étoient convoqués à Vannes ; Rohan, Laval, le connétable s'y étoient rendus avec tous les barons : le Duc en agit à l'égard de Clisson avec tous les dehors de l'amitié & de la confiance. Après l'avoir ainsi trompé, il l'invita avec Laval & Beaumanoir à visiter le château de l'Hermine qu'il venoit de faire

Froissard, vol. 3, p. 65.

construire : le connétable accepte l'invitation ; il se rend au château avec ses amis. Le Duc les conduit de chambre en chambre ; arrivés à la grosse tour, il prie le connétable de monter & d'examiner les fortifications pendant qu'il s'entretiendroit avec Laval ; mais à peine le connétable est-il entré, que la porte se ferme ; Clisson est arrêté par cinq ou six satellites du Duc qui le désarment, le chargent de chaînes, & le traînent dans une espece de cachot.

Au bruit de la porte, aux cris qu'il entend, & sur-tout à l'altération qu'il apperçoit sur les traits du Duc, Laval qui soupçonne la trahison, s'écrie : *Haa, Monseigneur, pour Dieu que voulez-vous faire ? n'ayez nulle male voulenté sur beaufrere le connétable* (ᵇ). Pour toute

Ibidem.

(ᵃ) Clisson avoit épousé en premieres nôces Catherine de Laval, fille de Gui X, & de Béatrix de Bretagne, qui lui apporta en dot le comté de Porrhoet : Clisson en mémoire d'une si grande alliance, écartela ses armes de celles de Montmorenci-Laval. Il eut de son épouse, deux filles ; l'aînée épousa Alain VII, vicomte de Rohan, & la cadete le comte de Penthievre, fils aîné de l'infortuné Charles de Blois.

réponse, le Duc irrité lui ordonna de se retirer ; mais Laval qui vouloit, à quelque prix que ce fût, sauver la vie à son frere & épargner un crime à son prince, resta au château. Beaumanoir fut aussi arrêté, chargé de fers, & jetté dans un cachot.

A peine la nuit fut-elle arrivée, que le Duc envoya chercher Bazvalen, capitaine du château, & lui ordonne de noyer le connétable ; Bazvalen éffrayé, se récrie en vain sur l'horreur d'une pareille exécution ; le Prince lui ordonne, sous peine de la vie, d'obéir.

Bazvalen en sortant instruisit Laval des ordres sanguinaires qu'il venoit de recevoir. Laval, au mépris du péril qu'il encouroit lui-même, rentre chez le Duc, se jette à ses pieds, & le conjure dans les termes les plus touchants de ne point se déshonorer par une action aussi infâme ; il le prie de se contenter des biens du connétable ; il lui offre les siens mêmes ; mais ni la vivacité de ses

instances,

instances, ni l'excès de sa douleur, ni la fermeté avec laquelle il menace le Duc de sa ruine, s'il attente aux jours du connétable, ne fait aucune impression sur l'ame du Prince; il ordonne à Laval de se retirer, & se couche en se félicitant d'être bien-tôt délivré de son plus mortel ennemi.

Mais à peine a-t-il goûté quelques heures de repos, qu'il se réveille: la fraîcheur & le repos de la nuit avoient calmé l'agitation de ses sens, & la raison repris son empire sur les accès de la fureur. C'est alors que venant à réfléchir sur la honte & les suites de son action, & sur les menaces de Laval, il apperçoit avec horreur le précipice qu'il s'étoit creusé à lui-même; son imagination allarmée lui repréfente le roi de France armé de toutes les foudres de la vengeance, entrant dans ses Etats, & portant par-tout le fer & le feu, pour venger la mort de son connétable; il croit aussi voir ses sujets également furieux,

Histoire de Bretagne, t. 1, page 398 & suiv.

au lieu d'embrasser sa défense, se joindre aux François pour lui faire rendre compte du sang qu'il a versé.

Devenu pour tous les hommes un objet d'horreur & d'exécration, il n'y a plus d'asyle pour lui en Europe, pas même chez les Anglois qu'il avoit offensés. Plus il réfléchit, plus son ame est déchirée de douleur & de remords : il n'avoit donc soutenu tant de guerres, enduré tant de travaux, gagné tant de victoires, lutté si long-temps contre l'exil & l'adversité, que pour perdre en un instant ses États, sa gloire, son repos, son innocence ? Il succomboit sous le poids de ses ennuis, lorsque Bazvalen, à la pointe du jour, vint mettre le comble à ses maux, en lui annonçant la mort du connétable.

Ibidem.
1387.
A ces mots, le Duc pousse un cri douloureux : il ordonne au ministre de ses ordres barbares, de ne paroître jamais devant lui; il passe la journée entiere sans

boire, sans manger, gémissant, invoquant la mort, dans le plus affreux désespoir. Sur le soir, Bazvalen effrayé de sa situation, & sur-tout persuadé de la sincérité de son repentir, se présente à lui malgré sa défense : *Monseigneur*, lui dit ce brave & généreux chevalier, *prévoyant les remords & les malheurs dont la mort du connétable seroit suivie, j'ai osé suspendre vos ordres ; Clisson est plein de vie.* Le Duc passa sur le champ de l'excès de la douleur à celui de la joie ; il se jetta au col de Bazvalen, il l'embrassa, il l'arrosa de ses larmes, il lui protesta qu'il lui devoit l'honneur & la vie. Quelques instants après, Laval entra : le Duc qui vouloit se faire un mérite auprès de ce Seigneur de n'avoir pas attenté à la vie du connétable, l'assura que ce n'étoit qu'en sa considération qu'il laissoit la vie à Clisson ; mais qu'il ne lui rendroit la liberté qu'après qu'il en auroit reçu cent mille francs, & dix places fortes qui appartenoient en Bretagne, au prisonnier & à son gendre le comte de Penthievre.

Ibidem. Quelque dures que fussent ces conditions, Laval qui se croyoit trop heureux de sauver, à quelque prix que ce fût, la vie au connétable, s'engagea à tout au nom de son beau-frere, & demanda à le voir. Il le trouva dans un cachot, les fers aux pieds, aux mains & au col, demi-mort de froid & de faim, ne s'attendant plus qu'à périr. La vue de Laval fut le premier rayon du salut qui brilla à ses yeux dans cet affreux séjour. Dès que ses fers eurent été brisés, Laval lui apprit à quelles conditions on consentoit à lui rendre la

1387. liberté : il fallut se soumettre à la loi du plus fort ; mais Clisson n'eut pas plutôt été élargi, qu'il sortit de Bretagne, suivi d'un seul page, ne respirant que la fureur & la vengeance. Le Roi, à qui il demanda justice d'un attentat dont la honte rejaillissoit jusques sur la majesté du trône, ne partagea que foiblement le ressentiment du connétable.

Clisson abandonné par son maître, ne s'abandonna pas lui-même; il fit une guerre implacable au Duc : tous les malheureux qui l'avoient arrêté, tomberent entre ses mains ; il les fit tous mourir dans les tourments, excepté un écuyer, qui touché de ses maux dans la prison, lui avoit jetté son manteau pour le couvrir. Laval, au milieu de ces discordes, se comporta en héros de l'humanité : soins, travaux, argent, il prodigua tout pour rendre la paix à sa patrie désolée; il eut quelquefois le bonheur & la gloire de réussir ; mais les traités qu'il négocia n'eurent jamais assez de force pour enchaîner deux hommes dont le courage, la haine, la violence & l'ambition étoient sans bornes. La Bretagne fut continuellement agitée, jusqu'à ce qu'enfin le Duc devenu vieil & infirme, craignant de laisser à son fils, en la personne de Clisson, un ennemi capable de le détrôner, le prévint par des avances pleines de grandeur d'ame & de gé-

Histoire de Bretagne, tom. 1.

1389, jusqu'en 1394.

nérosité. Clisson de son côté répondit en héros à la confiance de son Prince, & la paix fut durable.

Jean IV, surnommé *le Conquérant*, ne survéquit pas long-temps à cet effort de raison & de sagesse. Il laissa la couronne à son fils Jean V, qui à peine sortoit de l'enfance : le duc de Bourgogne fut déclaré par les Etats régent du Duché, & tuteur du Duc & de ses freres qu'il amena à Paris. Comme le duc de Bourgogne ne pouvoit gouverner par lui-même la Bretagne, ce fut le sage Laval que ce Prince & les Etats choisirent pour représenter le Souverain absent, en qualité de curateur (ᵃ).

1401.
Histoire de Bretagne, tome I, page 432.

Son administration fut telle qu'on devoit l'espérer d'un des hommes les plus vertueux de son siecle. Lorsque le jeune Duc eut atteint l'âge de seize ans, Laval lui rendit avec joie ses Etats, mais plus riches

(ᵃ) Laval avoit l'honneur d'être le plus proche parent du Duc ; il étoit son oncle à la mode de Bretagne.

& plus florissants qu'ils n'avoient jamais été. Laval consacra le reste de sa vie à la retraite & à la piété : il mourut en 1412, comblé de gloire & d'années. Tel est le portrait qu'a tracé de ce grand homme l'ancien historien de Bretagne: *Il fut moult prud'homme vers Dieu & les hommes, merveilleusement dévot aux Eglises, & aumonier aux pauvres; aussi aima-t'il le bien du commun peuple, lequel il garda & deffendit de tout son pouvoir d'oppression tant qu'il vesquit. Il fut surnommé Gui, si Dieu me doint bonne vie; pour ce que tel étoit son serment.* Il est enterré en l'église des Cordeliers de Laval, qu'il avoit fondée.

Le Baud.

1412.

En Gui XII, sire de Laval, de Vitré & de Gaure, comte de Caserte, gouverneur de Bretagne, curateur du duc Jean V, finit la branche aînée de la maison de Montmorenci-Laval. Gui avoit d'abord épousé Louise de Châteaubriant, fille & héritiere de Géofroi VII, sire de Château-briant, de Candé, de Chalain, de Chanfeaux : il n'en eut point d'enfants. Il épousa ensuite Jeanne de Laval sa parente, veuve du connétable du Guesclin (ᵃ). Jeanne de Laval lui apporta en dot les terres de Châtillon-en-Vandelais, d'Aubigné, de Montfeur, d'Olivet, de Courbeville, de Tinteniac, de Becherel, de Romillé & plusieurs autres. Il eut de cete dame Gui de Laval mort fiancé à Catherine d'Alençon, princesse du sang (ᵇ); & Anne de Laval qui par la mort de son frere devint l'héritiere de sa branche. Il est assez étonnant que Gui XII qui aimoit passionnément sa maison, ne choisit point pour époux à sa fille un Montmorenci-Laval : il est vrai qu'en adoptant pour son fils Jean, sire de Montfort, de Gael, de Kergolai, de Loheac & de la Roche-Bernard, il l'obligea de prendre les noms,

(ᵃ) Elle avoit été unie très-peu de temps avec ce grand homme, & n'en avoit point eu d'enfants.

(ᵇ) Catherine d'Alençon épousa, 1°, Pierre, infant de Navarre, second fils de Charles II, roi de Navarre, & de Jeanne de France ; 2°, Louis, duc de Baviere, comte-palatin du Rhin.

cri & armes de Montmorenci-Laval, sans y rien ajouter ni diminuer : les conditions de ce traité furent vérifiées en Parlement au mois de Janvier 1405. L'heureux Jean de Montfort devenu l'aîné de la maison de Montmorenci-Laval, succéda à toutes les prééminences dont les peres de sa femme étoient en possession. Il eut trois fils, l'aîné, Gui XIV, épousa Isabeau de Bretagne, fille de Jean VI, duc de Bretagne, & de Jeanne de France, fille de Charles VI. Le roi Charles VII, dont il avoit épousé la niece, & à qui il rendit les plus grands services, érigea en 1429, la haute baronnie de Laval en comté, avec toutes les prééminences accordées aux comtés d'Armagnac, de Foix & de Vendôme ; ces prééminences consistoient à prendre séance immédiatement après les Princes du sang, dans toutes les cérémonies, les compagnies du Parlement, du conseil, dans les ambassades & par-tout ailleurs, & de précéder le Chancelier, les Prélats & les grands-Officiers de la Couronne.

En conséquence de ce glorieux privilege, Gui XIV, au Parlement assemblé à Vendôme en 1458, pour juger le duc d'Alençon, fut assis sur le même banc que les Princes du sang, & immédiatement après le comte de Vendôme.

Louis XI en 1467, accorda à l'aîné de la maison de Laval des lettres-patentes en forme de chartre, pour lui assurer cette préséance; elles sont conçues en ces termes: *Considérant la proximité de lignage en quoi il nous atteint, icelui notre neveu & cousin,* (c'étoit François de Laval, comte de Montfort, grand-maître de France, connu depuis sous le nom de Gui XV, comte de Laval) *avons ottroyé & ottroyons par ces présentes, & par privilege spécial & à ses hoirs comtes de Laval, que dorénavant ils soient en tels honneurs, lieu de prééminence, soit en notre grand-conseil, en notre parlement, en ambassades & en tous autres lieux où il se trouvera,*

Du Tillet, recueil des rangs des Grands de France, p. 67.

qu'il précède notre Chancelier & tous les Prélats de notre Royaume, tout ainsi qu'ont fait & font nos très-chers & amés cousins les comtes d'Armagnac, de Foix & de Vendôme. Donné au Mans le 19 Novembre 1467, de notre regne le septieme.

Recueil des rangs des Grands de France, par du Tillet.
Histoire de Louis XI, par Mademoiselle de Lussan, tome 2, p. 465.

Ce comte de Montfort, aux Etats de Tours tenus en 1467, prit séance sur le même banc que Nicolas d'Anjou, petit-fils du Roi de Sicile; le comte du Perche, fils du duc d'Alençon; Charles d'Anjou, comte de Guise, fils du comte du Maine; Jean de Bourbon, comte de Vendôme; & Gilbert de Bourbon, dauphin d'Auvergne.

Charles XII, à son avénement au trône, confirma cette préséance par de nouvelles lettres-patentes données à Blois au mois de Novembre 1483 (a); depuis ce temps-là on voit au sacre des Rois, au couronnement des Reines, à leurs

(a) Ces Lettres sont rapportées en entier par du Tillet dans son recueil des rangs des Grands de France, page 71.

entrées dans Paris, les comtes de Laval marcher immédiatement après les Princes du sang.

Il est constant que les comtes de Laval ne jouissoient de ces honneurs extraordinaires que comme représentants les aînés de la branche de Montmorenci-Laval, à qui ces privileges avoient été accordés, tant à cause de leur haute naissance que de leurs alliances, & des grands services qu'ils avoient rendus à l'Etat : ils en avoient obtenus de pareils à la cour des ducs de Bretagne, & à celle des ducs d'Anjou. Au reste il n'est pas aisé de fixer l'époque de ces prérogatives dans la maison de Laval ; tout ce qui paroît certain, c'est qu'elles ne furent pleinement reconnues que par les lettres-patentes des rois Louis XI, & Charles VIII qui les fixerent irrévocablement dans la maison.

Cérémonial de France, par Godefroi.

Pour être persuadé que les comtes de Laval ne durent leur splendeur qu'à la substitution faite en leur faveur du nom & armes de

Montmorenci-Laval, il n'y a qu'à jetter les yeux sur l'état de la maison de Montfort avant l'heureuse époque où il plut à Gui XII de donner sa fille à Jean de Montfort. On verra une famille ancienne à la vérité, mais confondue avec l'ancienne noblesse de Bretagne; au lieu que dès que Jean de Montfort eut arboré le nom & les armes de Laval, ses descendants ne contractent, pour ainsi dire, d'alliance qu'avec les Princes du sang & les Têtes couronnées. Son fils Gui XIV disputa aux Etats de Bretagne en 1451, la préséance au vicomte de Rohan; & quoique celui-ci alléguât en sa faveur tout ce qu'on pouvoit dire de plus fort, entr'autres, qu'il étoit issu de mâle en mâle des anciens Souverains de Bretagne (a); cependant

(a) En moins de cent ans, on voit Gui XIV épouser, 1°, Isabeau de Bretagne, fille de Jean VI, duc de Bretagne, & de Jeanne de France: 2°, Françoise de Dinan, veuve de Gilles de Bretagne, frere des ducs de Bretagne François & Pierre. Jeanne de Laval, alliée à Louis de Bourbon, comte de Vendôme. Une autre Jeanne de Laval, épouse de René, roi de Naples, duc d'Anjou. Gui XV, grand-maître de France, époux

le duc Pierre II termina la contestation en faveur de la maison de Laval (ᵃ).

Histoire de Bretagne, tome 2, page 42.

Au reste, la branche des Laval-Montfort ayant été éteinte, Pierre de Montmorenci-Laval, marquis de Treves, devenu l'aîné de la maison, obtint d'Henri IV, qu'il avoit d'ailleurs bien servi, un brevet confirmatoire des lettres-patentes de Louis XI & de Charles VIII. Il est conçu en ces termes : *Aujourd'hui dernier Novembre 1597, le Roi étant à Saint-Germain-en-Laye, voulant témoigner à Pierre de Laval, marquis de Treves, seigneur de Lezay,*

de Catherine d'Alençon; Artuse de Laval, morte fiancée au comte de Geneve, frere du duc de Savoie. Gui XVI, époux de Charlotte d'Arragon, fille de Frédéric, roi de Naples, & d'Anne de Savoie ; Gui XVII, époux de Claude de Foix, fille d'Odet de Foix, vicomte de Lautrec, & de Charlotte d'Albret. Enfin on voit leur héritiere Claude de Rieux épouser M. d'Andelot préférablement au Prince de la Roche-sur-Yon, Prince du sang.

(ᵃ) La maison de Rohan a depuis réclamé contre ce jugement ; il fut statué que les chefs de ces deux grandes maisons auroient, l'un comme baron de Vitré, & l'autre comme baron de Léon, tour à tour la préséance l'un sur l'autre.

l'estime particuliere qu'il fait de sa personne, tant à cause de sa noble & illustre naissance, qu'en considération des grands & signalés services qu'il a rendus à cet Etat en plusieurs occasions importantes de sieges & de batailles où il s'est trouvé, & qu'il continue encore à présent, Sa Majesté bien informée des honneurs, rangs, privileges, prééminences attribués par les Rois défunts ses prédécesseurs, aux aînés de la maison de *Laval*, & par exprès par le roi Louis XI; par lettres-patentes du 19 Novembre 1467, confirmées par autres lettres du roi Charles VIII, du mois d'Octobre 1483, à cause de l'honneur que ladite maison a d'être prochainement alliée au sang de France, & en être sortie; Sadite Majesté a iceux honneurs, privileges, rangs, prééminences de nouveau confirmé, veut & entend que ledit marquis de Treves en jouisse, comme aussi les aînés de ladite maison qui viendront après lui, m'ayant commandé d'en expédier toutes lettres nécessaires, & cependant le présent brevet qu'elle a signé de sa main. Signé HENRY : Et plus bas, de Neufville.

Afin de ne laisser rien à desirer sur un article aussi important, on ajoutera ici que Louis XIII & Louis XIV accorderent de pareilles lettres aux aînés de la maison de Montmorenci-Laval : ainsi s'exprime le dernier de ces Princes dans le préambule des lettres-patentes qu'il donna pour faire porter le nom de Laval au marquisat de Lezay (a) :

L o u i s, &c. Les Rois nos prédécesseurs, en considération que la maison de Laval étant sortie des Souverains de France, & Princes de notre sang de Bourbon & de Bretagne, d'Arragon, de Castille, d'Acre, de Beaumont, d'Anjou, de Jérusalem & autres grandes & illustres maisons, de laquelle maison de Laval nous sommes issus par le mariage de Jeanne de Laval avec Louis de Bourbon, comte Vendôme, notre aïeul & prédécesseur ;

(a) Ces Lettres ont été enregistrées au Parlement le 16 Février 1644.

& en considération de la proximité de lignage & des grands & signalés services rendus par ceux de cette maison à notre couronne, tant dedans que dehors ce Royaume, les Rois nos prédécesseurs auroient, pour ces considérations, honoré l'aîné du nom & ses successeurs de grands privileges & prééminences ; considérant aussi les services rendus par notre très-cher & amé cousin Hilaire de Laval, marquis de Laval, conseiller en nos conseils & comte de la Bigeotiere, à présent chef & aîné du nom & armes de Laval ; considérant encore que ses prédécesseurs ayant été pourvus de plusieurs grandes & considérables charges en notre Etat, comme celles de connétables, amiraux, grands-maîtres, maréchaux, ducs, comtes & pairs de France, &c ; A ces causes, nous avons dit & déclaré, disons & déclarons en ces présentes, signées de notre main, que notre vouloir & intention est que ledit marquisat s'appelle Laval-Lezay, comme étant à présent notredit cousin Hilaire de Laval, chef du nom

& armes de ladite maison de Laval. Donné à Paris au mois d'Octobre l'an de grace 1643, & de notre regne le premier. Signé sur le repli par le Roi, la Reine Régente sa mere présente. De Guenegaud. Et à côté, Regiſtré, oui le procureur-général du Roi, pour jouir par l'acceptant, & ſes ſucceſſeurs marquis dudit Laval-Lezay, de l'effet du contenu en icelles ſelon leur forme & teneur, comme il en a ci-devant bien & duement joui & uſé, joui & uſe encore à préſent. A Paris, en Parlement, le 16 Février 1644. Ainſi ſigné, du Tillet.

Jacques, Seigneur de Montmorenci, d'Ecouen, d'Amville, de Conflans-Sainte-Honorine, de Vitry-en-Brie, de Berneval, de Breteuil, de Croiſilles, de Courieres, &c, conſeiller & chambellan du roi Charles VI, premier baron de France.

1380.
Hiſtoire de Charles VI.

JACQUES de Montmorenci & ſon frere Philippe tué depuis à la bataille de Zirixée en Hollande, eurent beaucoup de part à l'amitié du nouveau roi Charles VI, avec lequel ils avoient eu l'honneur d'être élevés. Ce Prince, le jour de son sacre, les arma chevaliers, quoique l'aîné des deux freres n'eût encore que dix ans : il n'y avoit eu gueres jusqu'alors que les enfants des Rois, ou des Princes du sang, qui eussent été honorés de la chevalerie à un âge si tendre ; mais les deux freres se montrerent bien-tôt dignes de cette glorieuse distinction.

En effet, l'année suivante, malgré la foiblesse de l'âge, ils suivirent le Roi à sa glorieuse expédition de Flandres ; ils combattirent avec courage à la journée de Rosebeque : depuis ce temps-là, constamment & tendrement attachés à la personne du Roi, ils partagerent avec lui la gloire & les dangers de toutes ses campagnes. L'aîné des deux freres recueillit bien-tôt les fruits de son zele & de sa valeur ; le Roi ne fut pas plutôt sorti de tutelle, qu'il

1382.

Chronique de Flandres, Chap. 114.

le nomma l'un de ses chambellans: on sait que cette dignité, la plus enviée de la haute noblesse, & quelquefois remplie par des Princes, étoit la récompense des services rendus à la patrie.

L'amitié & la faveur du Roi annonçoient au jeune Montmorenci une fortune encore plus brillante; il seroit sans doute parvenu, comme ses ancêtres, aux premieres charges de la couronne, sans les malheurs inouis de Charles VI. On sait que ce Prince, dont le courage, la franchise, la grandeur d'ame & la bonté promettoient à la France un regne également heureux & florissant, tomba dans une horrible frénésie; ses infortunes causerent celles de la nation devenue sous lui la plus malheureuse de l'univers. L'autorité du Monarque presque toujours malade & privé de la raison, envahie par des Princes cruels & avides, avilie, méprisée, fut une source intarissable de factions, de querelles & de guerres. Dans ces temps

1392.

Duchêne, histoire de la maison de Montmorenci.

1393.

de licence & d'anarchie, les François devenus plus insensés que leur Roi, sembloient se baigner avec plaisir dans le sang les uns des autres ; il semble sur-tout qu'il étoit de la destinée de Paris, cette ville aujourd'hui l'asyle du goût, des arts, de la politesse & de l'humanité, de n'être liée qu'avec des scélérats ; on sait qu'elle témoigna pour les intérêts de l'assassin du duc d'Orléans, le même zele qu'elle avoit laissé éclater trente ans auparavant pour Charles le Mauvais, roi de Navarre.

Le Duc de Bourgogne.

Quoique Jacques de Montmorenci se fût allié au duc de Bourgogne, en épousant Philippe de Melun, cousine & filleule de ce Prince, il ne voulut prendre aucune part à ses querelles ; ce fut peut-être le seul seigneur de son temps qui ne put se résoudre à tremper ses mains dans le sang de ses compatriotes ; il n'abandonna jamais la personne de Charles VI, qui lui avoit donné des marques éclatantes d'amitié : bien-tôt après il mourut en déplorant les malheurs de son Prince & ceux de la patrie ; il n'avoit gueres que quarante ans.

1414.
Jean Galli, question 214. Regiſtres des anciens arrêts de la Cour.

C'eſt lui qui après avoir prouvé en 1402 au parlement, par le miniſtere de Jean Galli, célebre avocat, que la baronnie de Montmorenci étoit la premiere & la plus ancienne du Royaume, prit dans ſes titres la qualité de premier baron de France ; depuis ce temps-là, nos Rois, les Etats généraux, les Souverains étrangers, ont toujours reconnu ce titre dans les aînés de la maiſon.

De Philippe de Melun, fille d'Hugues de Melun, vicomte de Gand, ſire d'Epinoi, connétable héréditaire de Flandres, & de Béatrix de Beauſſart, le baron de Montmorenci eut pour enfants Jean II qui ſuit, & Philippe de Montmorenci, ſire de Croiſilles. Celui-ci épouſa l'héritiere de l'illuſtre maiſon de Bours, s'établit dans les Pays-Bas, & y fonda une branche qui exiſte encore aujourd'hui en la personne de M. le Prince de Montmorenci, général-major au service de l'impératrice Reine ; de M. le comte de Montmorenci son frere, colonel du régiment de Touraine, brigadier des armées du Roi ; de M. le comte de Carenci, appellé le chevalier de Montmorenci, lieutenant-général des armées du Roi : mesdames la duchesse de Boufflers, les comtesses de Souastre & de Broglie sont sorties de cette branche alliée aux maisons les plus illustres des Pays-Bas.

Jean II, seigneur de Montmorenci ; d'Ecouen, d'Amville, de Conflans-Sainte-Honorine, de Vitry-en-Brie, de Nivelle, de Fosseux, d'Auteville, de Wymes, conseiller & chambellan des rois Charles VII, & Louis XI, premier baron & grand-chambellan de France.

PENDANT que Jean II, qui avoit à peine douze ans lorsqu'il perdit son pere, croissoit sous les yeux d'une mere respectable, l'esprit de vertige étoit parvenu à son comble ; il n'avoit fait du Royaume qu'un séjour de deuil, de larmes, de crimes & d'horreur ; nos ancêtres étonnoient le reste de l'Europe par leur sombre fureur.

1415. Cependant Henri V, roi d'Angleterre, leur préparoit des fers. Déja il étoit descendu en Normandie avec une armée redoutable. Le danger dont étoit menacé le Royaume, suspendit la fureur des partis ; on se réunit pour la défense du trône & de la liberté. Mais le courage fougueux & bouillant des Princes & des Barons fut presque aussi fatal à la France que leurs divisions. On connoît le succès de la bataille d'Azincourt, qui coûta la vie au connétable d'Albret, à six Princes & à dix mille françois, presque tous chevaliers ou Écuyers. De toutes les batailles livrées depuis un siecle, c'est presque la seule où il n'y ait point *Monstrelot,* eu de Montmorenci tué, blessé *chap. 19, S.* ou pris ; à moins que le sire de *Remi, chap.* Montejean, que les relations mettent

tent au nombre des morts, ne soit le même que Gui de Laval, fire de Loué, qui portoit alors le nom de Montejean, dont il avoit épousé l'héritiere ; mais si c'est ce seigneur, il faut qu'il n'ait été que blessé ou pris, puisqu'on le voit paroître dans les guerres de Charles VII, contre les Anglois.

Quoi qu'il en soit, après la retraite du vainqueur, (car la bataille d'Azincourt ne produisit que de la gloire aux Anglois) les François recommencerent la guerre civile. On sait que la reine Isabelle de Baviere, femme sans frein & sans pudeur, également avare, ambitieuse, cruelle & dénaturée, gouvernoit & dévastoit le Royaume par ses rapines : le Dauphin, qui à l'aide du connétable d'Armagnac, soutenoit la fortune de la France, se voyant sans troupes & sans argent, enleva les trésors de sa mere pour s'en servir contre les Anglois & les factieux ; elle-même fut arrêtée & conduite prisonniere à Tours.

1417.

Mais cette Reine punie & déshonorée tira bientôt de son fils & du Royaume entier la vengeance la plus atroce. Du fonds de sa prison, elle implora la protection du duc de Bourgogne, qui vint briser ses fers & la ramena en triomphe à Paris. Cette ville inondée du sang le plus illustre, reçut le duc de Bourgogne avec les mêmes applaudissements que s'il eût été le libérateur de l'Etat; & comme si ce Prince forcené n'eût pas seul suffi pour la destruction de sa patrie, il appela à son secours le roi d'Angleterre.

1417.

1419. Henri V fit la conquête de la Normandie : bien-tôt Jean sans peur épouvanté des succès du Monarque Anglois, parut disposé à se réconcilier avec le Dauphin ; les deux Princes se virent deux fois; leur seconde entrevue fut plus funeste au Royaume que la perte de la bataille d'Azincourt & de la Normandie. Le duc de Bourgogne tomba enfin immolé aux manes du duc d'Orléans ; c'est ainsi qu'un assassinat fut vengé par un assassinat ;

mais la mort de Jean sans peur coûta encore plus de sang à la France que celle du duc d'Orléans.

A la premiere nouvelle du meurtre de son protecteur, la reine Isabelle associa sa vengeance à celle du nouveau duc de Bourgogne : elle signa à Troies un traité avec le Roi d'Angleterre, par lequel elle lui livroit sa fille & le Royaume. Le Parlement assemblé à Paris confirma le traité ; jamais on ne vit plus de contradictions : un Roi insensé, une mere furieuse, une troupe de François indignes de ce nom, disposent de la couronne au mépris des loix fondamentales de l'Etat. Non-seulement l'héritier du trône fut privé de ses droits, condamné, proscrit, banni ; mais les princes d'Orléans, d'Anjou, d'Alençon & de Bretagne, qui n'avoient pas trempé leurs mains dans le sang de Jean sans peur, furent sacrifiés ; la race de Hugues Capet fut exclue d'un trône qu'elle remplissoit depuis plus

1420.

de quatre siecles avec tant de gloire & de réputation.

La cause du Dauphin & parconséquent celle de la Maison royale, paroissoit désespérée; la Normandie, la Champagne, la Picardie, la Guienne, l'Isle de France, la capitale du Royaume, étoient soumises aux Anglois; le maître des deux Bourgognes & de presque tous les Pays-Bas, les soutenoit de toute sa puissance; il ne restoit au Dauphin que les provinces d'au-delà de la Loire, qui n'étoient point comparables à celles qu'il avoit perdues. Ce Prince avoit d'ailleurs si peu d'expérience; il paroissoit avoir tant de goût pour la mollesse & les plaisirs, qu'on ne le regardoit pas comme un rival redoutable pour Henri V, le plus vaillant, le plus sage, le plus appliqué & le plus ambitieux de tous les Rois. Le jeune Dauphin eut sans doute succombé, sans le courage de quelques seigneurs François, qui pleins de la gloire de leurs ancêtres, aimerent mieux s'ensevelir sous les débris de la Monarchie, que de reconnoître un Anglois pour leur Roi.

Parmi les anciennes familles qui se sacrifierent pour le légitime héritier de la couronne, nulle ne lui donna de plus grandes marques d'attachement que celle de Montmorenci. Jean II, quoiqu'à peine sorti de l'enfance, abandonna, pour le suivre, les biens immenses qu'il possédoit dans l'Isle de France, en Normandie, en Brie, en Champagne, en Picardie, en Artois & en Flandre. Les Anglois le déclarerent rebelle, criminel de leze-majesté; ils confisquerent ses biens & les donnerent à Jean de Luxembourg, l'un de leurs plus illustres partisans. Au reste, il n'y a pas un seul mot de l'arrêt prononcé contre lui, qui ne soit un monument authentique de son zele & de sa fidélité pour son Roi. La seconde branche de sa maison, connue sous le nom de *Montmorenci - Beausaut*, fut ensevelie dans les plaines de Ver-

Regiſtre de la Chancellerie, cotté clxxiv. fol. 144.

neuil. Gui XIV, comte de Laval; ses freres André de Laval, sire de Lohéac, maréchal & amiral de France; Louis de Laval, sire de Châtillon, gouverneur du Dauphiné, représentant les aînés de la branche de Montmorenci-Laval; Gilles de Laval, sire de Rais, maréchal de France; son frere René de Laval, sire de la Suſe; Gui de Laval, seigneur de Montejean; Thibaud de Laval, seigneur de Loué, firent par-tout des prodiges de valeur contre les Anglois. L'histoire est pleine de leurs actions; on en va donner quelqu'idée en exposant légérement les guerres de ce temps-là.

1421. Aussi-tôt après qu'il eut été reconnu héritier de la couronne de France, Henri V avoit été chercher une nouvelle armée en Angleterre, afin d'accabler son rival. Le Dauphin réduit à chercher des secours dans toute l'Europe, venoit de recevoir un renfort de quatre ou cinq mille Ecoſſois; il y joignit quelques troupes à la tête desquelles combattoient quelques seigneurs François, & entr'autres Antoine & Hugues de Montmorenci-Beausaut. L'armée commandée par le comte de Boukan fut attaquer les Anglois dans les plaines de Baugé en Anjou ; elle remporta une victoire complette sur le duc de Clarence, frere du roi d'Angleterre, qui fut tué sur la place avec trois mille hommes. Mais bien-tôt après Henri accourut d'Angleterre & vengea la défaite & la mort de son frere, en réduisant le Dauphin à lever le siege de Chartres, & à se sauver au-delà de la Loire. Les succès du Roi d'Angleterre détacherent du parti du Dauphin presque tous les gentilshommes qui combattoient encore pour ses intérêts en Normandie, en Champagne, en Picardie & dans l'Isle de France.

Malgré ses malheurs, le Dauphin trouva le secret de rassembler l'année suivante une armée de vingt mille hommes : le baron de Montmorenci & ses freres combattoient dans cette armée ; mais ils étoient d'autant plus à plaindre qu'ils se trouvoient réduits à ne subsister que des bienfaits d'un Prince qui manquoit lui-même du nécessaire.

1422. L'armée françoise prit la Charité-sur-Loire ; elle assiégea Cône. Le duc de Bourgogne excité par la soif de la vengeance & l'amour de la gloire, envoya alors défier le Dauphin à une bataille : le défi fut accepté, on convint du jour & du lieu ; mais tandis que l'on se préparoit dans l'armée du Dauphin à repousser le duc de Bourgogne, on apprend que le roi d'Angleterre presse sa marche pour avoir part au combat. Les barons françois éclairés enfin par l'expérience des désastres de Créci, de Poitiers & d'Azincourt, ne jugerent pas à propos d'attendre ce nouvel ennemi ; l'armée se retira précipitamment à Bourges.

Cette campagne fut la derniere d'Henri V ; il mourut à la veille de subjuguer le reste du Royaume. L'infortuné Charles VI qui ne portoit plus le nom de Roi que par la pitié de son gendre, le suivit bien-tôt après au tombeau.

C'est dans le Vivarais où Charles VII, suivi de quelques seigneurs, étoit allé, pour ainsi dire, mendier quelques secours, qu'il apprit la mort de son rival & de son pere. Sur le champ, quelques barons, au nombre desquels étoit Montmorenci, le proclamerent Roi : le nouveau Monarque donna des marques de reconnoissance au baron de Montmorenci, en l'honorant de la dignité de grand-chambellan de France. Bien-tôt après ce seigneur se vit obligé de se défaire de cette charge en faveur de la Trémoille, favori du Roi ; mais ce qui le couvre de gloire, c'est qu'il ne paroît pas que cette injustice ait ébranlé sa fidélité, ni même diminué son zele à l'égard de son souverain.

Histoire de la maison de Montmorenci, p. 232.

On s'étoit flatté dans la cour de Charles VII, que la mort du roi d'Angleterre & celle de Charles VI, rétabliroient les affaires ;

on se trompa ; le trône du nouveau Roi fut long-temps chancelant; les commencemens même de son regne ne furent célebres que par ses disgraces. Le connétable d'Ecosse & le maréchal de Severac perdirent la bataille de Crevant ; le duc de Bretagne persuadé que les ministres de Charles VII, & ce Prince lui-même, avoient trempé dans une conjuration contre lui, embrassa le parti des Anglois : mais les Lavals, malgré l'exemple du Duc dont ils étoient vassaux & parens, ne purent se résoudre à abandonner le Roi.

1423. Le sire de la Pole, célebre capitaine Anglois, étoit entré dans le Maine, où il faisoit des progrès rapides : cette province étoit défendue par Jean d'Harcourt, comte d'Aumale, qui n'ayant qu'une poignée de combattans, n'osoit mesurer ces forces avec celles de la Pole ; il envoya demander quelques secours à Jeanne de Laval, veuve du connétable du Guesclin & de Gui XII, sire de Laval. Cette

Dame, digne d'avoir eu pour époux deux héros, fit partir sur le champ ses vassaux sous les ordres de Gui de Laval, sire de Montejean : elle voulut qu'André de Laval, le second de ses petits-fils qui n'avoit encore que douze ans, fût de cette expédition ; elle-même lui ceignit l'épée, & l'embrassa en l'exhortant à marcher sur les traces de ses ancêtres.

Le courage de Madame de Laval ne doit point étonner ; les femmes non contentes d'applaudir au courage des guerriers, combattoient alors quelquefois elles-mêmes. Dans ce temps-là même, Denise de Montmorenci, épouse de Lancelot Turpin (ᵃ), seigneur de Crissé & de Vihers, défendoit cette derniere place contre les Anglois. *Aucunes femmes*, dit l'ancien Historien, *furent vues* (au siege d'Orléans) *qui repoussoient à coups de*

Histoire de Bret. tom. 1, p. 491.

(ᵃ) La maison de Turpin qui existe encore aujourd'hui, est également ancienne & illustre. Lancelot Turpin étoit veuf de Jeanne de Sancerre, niece du connétable de ce nom, lorsqu'il épousa Denise de Montmorenci.

lances les Anglois des entrées des boulevards, & les abbattoient ès fossés : enfin, personne n'ignore que ce fut une femme qui, par des prodiges de valeur, sauva le Royaume.

Cependant le comte d'Harcourt fortifié des troupes de Montejean, atteint les Anglois à la Broussiniere, sur les confins de la Bretagne & de l'Anjou, & les taille en pieces ; de trois mille hommes qu'étoit composé le corps du sire de la Pole, il ne s'en sauva presque pas un seul ; dix-huit cents hommes demeurerent sur la place, le reste fut pris avec son général. Le jeune André de Laval mérita, par sa valeur, d'être fait chevalier sur le champ de bataille. C'est ainsi qu'il commença une carriere de soixante ans de travaux & de combats : il ne mourut qu'en 1486. Mais cette victoire ne pouvoit balancer le désastre qu'on éprouva bien-tôt après dans les plaines de Verneuil : le comte de Boukam, célebre par la bataille de Baugé & la dignité de connétable, dont le Roi l'avoit honoré, avoit assiégé & pris Verneuil avec un corps de quatorze mille François, Italiens & Ecossois. Presque tout ce qui restoit de chevaliers à Charles VII, combattoit dans cette armée ; le duc d'Alençon, le maréchal de la Fayette, les comtes de Douglas, d'Aumale, de Tonnerre, de Vantadour, de Narbonne, Gaucour, Xaintrailles, Antoine de Montmorenci-Beausaut, Hugues son frere, le sire de Montejean & beaucoup d'autres. Le duc de Bethfort vint arrêter ses progrès avec une armée égale en nombre, & supérieure en discipline & en valeur. Tandis qu'on agite dans le camp des François si on attendra l'ennemi ; le vicomte de Narbonne indigné de l'incertitude des chefs, sort du conseil, en criant qu'on trahit la gloire de la nation ; il se dispose à attaquer l'ennemi avec sa seule troupe : la jeune noblesse entraînée par son impétuosité, le suit. Il ne restoit aux généraux que

1424.

Histoire de Charles VII. de Jean Chartier.

Histoire d'Angleterre de Smolett, tom. 8, p. 30 & suiv.

deux partis à prendre, celui de combattre, ou d'abandonner ces téméraires à leur destinée. L'honneur l'emporta sur la vengeance; on s'avança vers l'ennemi, on l'attaqua. Narbonne & ses amis firent des prodiges; il est constant que s'ils eussent mis plus d'ordre dans leur attaque, s'ils n'eussent pas été abandonnés des Italiens, qui à la premiere charge s'enfuirent honteusement, ils auroient battu les Anglois; car enfin, malgré tant de désavantages, ils défirent les deux aîles de l'armée ennemie; mais ils ne purent forcer une enceinte de chariots qui couvroit le corps de bataille. Bethfort les voyant épuisés de la longueur & de la fureur du combat, tombe à son tour sur eux avec sa réserve, les enfonce & en fait un carnage affreux: presque tout ce qu'il y avoit de seigneurs dans l'armée ne pouvant se résoudre à survivre à une défaite qui alloit entraîner la ruine de la Monarchie, fut chercher la mort au milieu des escadrons victorieux: tel fut le fort du connétable, des comtes de Douglas, d'Aumale, de Narbonne, de Ventadour, de Tonnerre, d'Antoine de Montmorenci, d'Hugues son frere, & de vingt-quatre autres barons ; le duc d'Alençon, la Faiette, Gaucour & Mortemar furent pris.

Quoique cette victoire eût couté plus cher aux Anglois que celle d'Azincourt, le salut de la France n'en paroissoit pas moins désespéré ; il ne restoit presque plus au Roi de troupes & de noblesse. Déja le Maine étoit subjugué ; les autres provinces étoient menacées du même sort.

La querelle qui s'éleva entre les ducs de Gloceftre & de Bourgogne, laissa respirer le Roi ; il profita de ce délai pour détacher le duc de Bretagne du parti des Anglois ; il honora de la dignité de connétable le comte de Richemont, frere du Duc.

1425.

Mais le nouveau connétable vendit d'abord son appui bien cher au Roi ; il fit couper de sa propre autorité la tête à un de ses ministres; il en fit assassiner un autre; il emprisonna la Trémoille son favori: jamais la Majesté royale n'avoit reçu plus d'outrages. Charles éprouvoit alors tout ce que l'humiliation a de plus amer: tandis que ses ennemis déchiroient son héritage, ses généraux, ses sujets, insultoient à sa foiblesse & à ses malheurs. Ce dernier trait du sort étoit sans doute le plus douloureux; enfin, quel que fût le besoin qu'eût Charles de la valeur & des talents du connétable, il aima mieux se priver de ses services, que de se voir plus long-temps le jouet de son orgueil & de ses caprices; il le relegua à Parthenai.

1426.
Histoire de Bret. tom. 1, pag. 494 & suiv.

La disgrace du connétable fut le signal de la retraite des troupes Bretonnes; il n'y eut que les Lavals & Beaumanoir qui refuserent d'obéir au Duc qui les rappelloit. Le sire de Rais, pour toute réponse à la sommation qui lui fut faite de quitter le service de Charles, alla prendre sur les Anglois la forteresse du Lude en Anjou; mais le baron de Laval perdit la ville dont il portoit le nom.

Telle étoit la situation des affaires, lorsqu'enfin le duc de Bethfort ayant réconcilié les ducs de Bourgogne & de Glocestre, se prépara à porter les derniers coups à Charles VII. Déja les comtes de Salisbéry, de Suffolck & Talbot, trois des plus grands hommes de guerre de l'Europe, pressoient Orléans avec une armée, qui depuis quinze ans n'avoit cessé de combattre & de vaincre.

1428.

Quoique de la destinée d'Orléans dépendît le salut de la France, le Roi étoit si épuisé d'hommes & d'argent, qu'il ne put jetter dans cette grande ville qu'une garnison de douze cents hommes. Il est vrai que Dunois, la Fayette, Gaucour, la Hire, Xaintrailles s'étoient mis à la tête de la garnison, résolus de vaincre ou de périr; mais que pouvoit cette poignée de chevaliers & de soldats contre les légions victorieuses de l'Angleterre ? Il est constant qu'elle eût bien-tôt succombé sans les citoyens d'Orléans, qui pleins de cet amour pour la patrie qu'on a toujours regardé comme la premiere de toutes les vertus, prodiguerent leurs biens & leurs vies dans ce siege mémorable : mais enfin après avoir repoussé les Anglois pendant près de six mois, il falloit se résoudre à périr faute de secours. La perte de cette ville paroissoit si certaine, qu'on agita dans le conseil du Roi s'il n'abandonneroit pas les provinces de la Loire, pour défendre le Dauphiné & le Languedoc, les seuls débris d'un si grand naufrage : ce fut Marie d'Anjou, femme du Roi, princesse d'un mérite supérieur ; Agnès Sorel sa maîtresse, qui s'opposerent le plus vivement à cette retraite honteuse.

1429. Tandis que la France expirante touchoit à sa ruine, une paysanne se présente au Roi sous les habits d'un guerrier, & lui annonce que le Ciel l'envoie pour le rétablir sur le trône de ses peres. Il falloit bien que tout fût désespéré pour accepter les services de Jeanne d'Arc. Le Roi ajoute foi à ses promesses ; le Parlement établi à Poitiers, l'Université, les seigneurs de la cour, tout ce qu'il y avoit enfin de plus éclairé dans la nation, penserent comme le Roi. On a encore une lettre de Gui de Laval, signée de ses deux freres André & Louis, dans laquelle il rend compte à Mme de Laval, son aïeule, de l'arrivée de la Pucelle à la Cour, & de ses succès ; il paroît lui-même persuadé que Jeanne d'Arc est inspirée. Sur le témoignage de tant d'hommes sages, le soldat qui la regarde comme la libératrice de l'Etat, demande à servir sous elle. *Histoire de France de Daniel, tom. 12, p. 387.*

Quelque confiance que le Roi parût avoir en Jeanne d'Arc, il voulut que tout ce qui lui restoit d'habiles guerriers, les sires de Rais, de Gaucour, de Boussac, de Culan, conduisissent ses troupes avec elle : on avoit rassemblé en- *Ibidem. page 390.*

viron dix mille hommes à Blois; on prétendoit en jetter une partie dans Orléans, avec un convoi de munitions de guerre & de bouche.

1429. Le 28 Avril, l'armée dans laquelle combattoient le comte de Laval, le baron de Montmorenci, & presque tous les seigneurs, se met en route; elle arrive à la vue d'Orléans, & force un quartier de l'armée Angloise; la Pucelle entra dans la place avec Gaucour & Culan. Les sires de Rais & de Boussac qui avoient ordre de tenir la campagne, retournent à Blois: quatre ou cinq jours après, ils introduisent avec la même valeur un nouveau convoi dans la place: il n'en fallut pas davantage pour rendre le courage à la garnison & aux habitants. On connoît les exploits de la Pucelle: en moins de deux jours, elle tailla en pieces six mille ennemis, & força le reste à lever le siege.

Déja l'esprit de vertige & de frayeur s'étoit saisi des soldats Anglois; ce n'est pas qu'ils ajoutassent foi à la divinité de la mission de la Pucelle ; mais ils s'imaginoient, par une superstition encore plus absurde, qu'elle avoit fait un pact avec le Diable pour les exterminer. Les généraux, au lieu de tenir leurs troupes rassemblées, les disperserent dans les petites places de l'Orléanois ; le comte de Suffolck s'enferma lui-même dans Gergeau, où bien-tôt après il est pris avec ses deux freres par la Pucelle, le duc d'Alençon, & le sire de Rais.

A la nouvelle des victoires de Jeanne d'Arc & des chevaliers François, le connétable de Richemond se rend à l'armée, malgré le Roi : la Pucelle dévouée à Charles VII, osa proposer aux autres généraux de charger le connétable ; mais les Lavals qui respectoient en la personne de ce Prince, le frere du duc de Bretagne & le premier Officier de la Couronne, s'opposerent vivement à une entreprise si téméraire : la plupart des barons se rangerent à cet avis ; un

Histoire de Bret. tom. I, pag. 506.

d'eux s'emporta même jusqu'à dire tout haut, *qu'il aimoit mieux le connétable que toutes les pucelles du monde.*

Hiſtoire d'Artus, p. 44 & 45.

Le lendemain, lorſque le connétable ſe rendit au camp, les ſires de Laval, de Rais & de Lohéac mirent pied à terre pour aller le recevoir ; le duc d'Alençon & Dunois ſe crurent obligés d'en faire autant ; enfin la Pucelle ſuivit leur exemple. Richemond averti de ſes ſiniſtres deſſeins, ne put s'empêcher de lui dire : *Jeanne, on m'a dit que vous me vouliez combattre; je ne ſais ſi vous êtes de par Dieu ou non ; ſi vous êtes de par Dieu, je ne vous crains rien, car Dieu ſait mon bon vouloir ; ſi vous êtes de par le Diable, je vous crains encore moins.* Telle étoit donc la ſuperſtition de ce temps-là, qu'on ne pouvoit s'imaginer que cette Amazone dût ſes ſuccès à ſon ſeul courage ; il falloit que le Ciel ou l'Enfer la ſecondât.

Au reſte, la préſence du connétable augmenta encore le courage de l'armée Françoife : elle emporte Beaugenci d'affaut ; elle joint l'ennemi commandé par l'immortel Talbot dans les plaines de Patai. Ces Anglois fi fiers, fi long-temps invincibles, foutinrent à peine le premier choc ; un de leurs plus célebres généraux, Faftolfe, qui quelques mois auparavant avoit gagné, avec une poignée de foldats, le combat de Rouvrai-Saint-Denis, s'imaginant que le Diable combattoit fous les traits de la Pucelle, fut un des premiers à chercher fon falut dans la fuite : il fut puni de fa lâche crédulité ; on le dégrada de l'ordre de la Jarretiere : Talbot fut pris en faifant des prodiges de valeur. *Hiftoire de France*, tom. 4, p. 397.

Des victoires fi rapides ranimerent le courage & les efpérances de Charles VII, qui enfin parut à la tête de l'armée : il s'ouvrit l'épée à la main un paffage jufqu'à Reims, où il entra en triomphe. *Ibidem.*

Avant que de fe faire facrer, il voulut témoigner fa reconnoiffance à ceux à qui il étoit principalement redevable de tant de succès. Jeanne d'Arc fut anoblie avec toute sa famille ; il érigea la haute baronnie de Laval en comté, avec toutes les prééminences attachées aux comtés d'Armagnac, de Foix & de Vendôme ; il honora Gilles de Laval, sire de Rais, de la dignité de maréchal de France, & de celle de comte ; André de Laval, sire de Lohéac, obtint aussi le bâton. Enfin, ce prince voulut que le nouveau comte de Laval & le maréchal de Rais représentassent à son sacre les comtes de Toulouse & de Flandre : on sait que la Pucelle assista à la cérémonie, tenant son étendard à la main.

Le sacre du Roi ajouta encore à la vénération dont les peuples commençoient à être pénétrés pour un prince que le Ciel sembloit protéger avec tant d'éclat. Presque toutes les villes de Champagne & de Picardie, qui n'étoient pas contenues par les garnisons Angloises & Bourguignones, reconnurent

nurent leur légitime Souverain. La révolution eût été plus rapide & plus générale, fans le génie & le courage du duc de Bethford, régent de France. Ce Prince, qui depuis la mort d'Henri V fon frere, n'avoit gueres reçu plus de fecours de fa patrie, qu'Annibal de Carthage, avoit fait la guerre en France avec la même adreffe & le même fuccès que le général Africain en Italie.

Mais c'eft fur-tout dans ces circonftances, où il s'agiffoit de rendre la confiance aux troupes Angloifes, de conferver Paris qui foupiroit après le retour de fon Roi, & de fixer dans l'alliance de l'Angleterre les ducs de Bourgogne & de Bretagne, qu'il déploya toutes les forces de fon génie & de fon courage. Ce Prince ne fortit de Paris pour arrêter la fortune de Charles VII, qu'après s'être affuré de cette Capitale & des Princes. Les armées fe rencontrerent aux environs de Chantilly; mais Bethford qui ne vouloit combattre

1430.

qu'avec la certitude de vaincre ; fe faifit d'un pofte avantageux ; il s'y retrancha ; il efpéroit que les François enflés de leurs fuccès, cédant à leur impétuofité, viendroient l'infulter jufques dans fon camp : il fe trompa ; le fouvenir de tant de fanglantes défaites avoit enfin rendu le Roi & fes généraux plus circonfpects. Charles voyant qu'il ne pouvoit arracher le Duc de fa pofition pour l'obliger à combattre en rafe campagne, pourfuivit fa route vers Paris ; Creil, Senlis, Pont-Sainte-Maxence, Saint-Denis ouvrent leurs portes. Mais il s'agiffoit d'emporter la capitale où il avoit un puiffant parti.

Tout fembloit concourir au fuccès de cette grande entreprife ; le connétable de Richemond, qui après avoir gagné la bataille de Patai, s'étoit vu contraint de quitter l'armée, ne pouvant fe réfoudre à ne pas fervir l'Etat, étoit entré en Normandie avec une poignée de foldats ; il y faifoit des progrès rapides. Le duc de Bethford effrayé du danger d'une province, qui seule faisoit subsister ses troupes, vole à sa défense: on jugea à propos de profiter de l'absence de ce Prince pour insulter Paris.

Le comte de Laval, les maréchaux de Rais & de Lohéac, le baron de Montmorenci & plusieurs autres chevaliers brûlant du desir de se signaler aux yeux du Roi, s'avancent en plein jour vers la porte Saint-Honoré, & s'attachent à l'attaque du boulevard ; mais quoique la barriere fût forcée, le boulevard emporté & les Anglois obligés de fuir, le parti sur lequel le Roi avoit compté n'osa se déclarer en sa faveur ; tant le duc de Bethford, avant son départ, avoit su établir d'ordre dans la capitale. Le Roi, enchanté de la valeur du baron de Montmorenci, voulut le faire chevalier sur le champ de bataille. *Jean Charrier.*

La guerre continua les années suivantes avec une alternative de

1431.

succès & de revers : Charles VII dut compter au nombre des derniers, la perte de la Pucelle. Personne n'ignore que la libératrice de la France, blessée & prise en défendant Compiegne, fut transportée à Rouen, & condamnée à expier dans les flammes comme magicienne, les maux qu'elle avoit faits aux Anglois : on ne sait ce qui étonnera le plus, ou de la férocité ou de la superstition de ces malheureux temps. Ces mêmes Anglois qui brûloient une héroïne, dont ils auroient dû respecter la valeur & la gloire, condamnoient à Londres la tante de leur Roi, la duchesse de Glocestre, à faire amende honorable ; sans son rang, elle eût été ensevelie dans le même bûcher que le baron de Cobhem, & une de ses amies. Quelque temps après, le maréchal de Rais, si célebre par sa valeur & les services qu'il avoit rendus à Charles VII, le compagnon de toutes les victoires de la Pucelle, éprouva la même destinée à Nantes : on lui reprochoit plusieurs excès ; mais c'eſt en qualité de magicien qu'il fut brûlé.

Cependant le duc de Bourgogne s'étoit détaché du parti des Anglois ; & la mort avoit délivré Charles du duc de Bethford ſon plus redoutable ennemi. Paris, qui n'avoit plus ce grand homme pour défenſeur, ouvrit bien-tôt ſes portes à ſon Roi. Charles, ſuivi du Dauphin, des Richemonds, des Dunois, des Lavals, des Xaintrailles, des Lohéacs, des Montmorencis & de cette foule de guerriers illuſtres à qui il devoit ſa couronne, alla prendre en perſonne les villes de Montereau & de Pontoiſe, où il fit des prodiges de valeur : ſes ſuccès lui valurent une treve, à la faveur de laquelle il changea inſenſiblement la conſtitution de l'Etat, & établit le pouvoir monarchique ſur des fondemens inébranlables. On connoît les moyens dont il ſe ſervit pour ruiner le gouvernement féodal : il obligea les cultivateurs qui

1435.

1437.

payoient la taille à leurs seigneurs ; de ne la plus payer qu'à lui ; il établit des troupes réglées, qui le mirent en état de se passer des services dangereux des vassaux de la Couronne.

Chroniques d'Enguerrand Monstrelet, t. 2.

Nul seigneur n'avoit profité davantage des victoires du Roi, que le baron de Montmorenci : à mesure que ce Prince conquéroit son Royaume, il se remettoit en possession de son héritage ; déja il jouissoit des terres qui avoient appartenu à ses ancêtres dans l'Isle de France, en Picardie, en Champagne & en Brie ; déjà en conséquence du traité d'Arras, le duc de Bourgogne lui avoit rendu celles qui lui appartenoient en Artois & en Flandre, du chef de Jeanne de Fosseux son épouse, héritiere d'une riche & ancienne maison. Il ne restoit plus à Jean II à recouvrer que celles qui étoient situées en Normandie ; mais cette province étoit encore soumise aux Anglois.

1448.

Un de leurs généraux eut l'imprudence de violer la treve : bientôt ils éprouverent combien l'heureuse révolution que Charles VII venoit d'introduire dans ses Etats, avoit rendu les François redoutables. Le Roi s'avança à la tête d'une armée dans la haute Normandie, dont il fit rapidement la conquête : le baron de Montmorenci & ses deux fils, Jean de Montmorenci, seigneur de Nivelle; Louis de Montmorenci, seigneur de Fosseux, eurent part à la gloire de cette expédition.

Pendant ce temps-là le connétable de Richemond, le comte de Clermont & le maréchal André de Laval-Lohéac gagnoient en basse Normandie la bataille de Fourmigny, qui acheva de rendre le Roi maître de toute la Province.

Jamais Prince ne profita en plus grand homme de la fortune & de la victoire que Charles VII. La Guienne appartenant aux Anglois depuis trois siecles, leur fut enlevée en une campagne ; il est

1449.

Regiſtre du tréſor des Chartres, coté clxxxv. num. lxx.

1452.

Hiſtoire de Jean Chartier. Hiſtoire de France de Daniel, tom. 4, pag. 531.

vrai que les Gascons ennuyés de la domination Françoise, rappellerent bien-tôt leurs anciens maîtres ; cette conquête eût peut-être échappé au Roi sans la victoire de Castillon : on sait que le maréchal de Lohéac, qui commandoit en chef l'armée Françoise, eut la gloire de vaincre Talbot, qui fut tué âgé de plus de quatre-vingts ans ; le Roi vint soumettre lui-même Bourdeaux : ainsi de toutes les conquêtes anciennes & nouvelles, qui avoient coûté aux Anglois tant de trésors & de sang, il ne leur resta plus en France que Calais.

C'est ainsi que le Royaume, après s'être vu sur le bord du précipice, fut non-seulement sauvé par un petit nombre de héros, mais parvint encore à un degré de grandeur & de puissance, inconnu depuis la décadence de la race Carlovingienne. Le Roi, au courage & à la clémence de qui ses sujets étoient principalement redevables de leur bonheur, ne jouit pas long-temps
du

du repos qu'il leur avoit procuré; 1461. il étoit de sa destinée d'être malheureux par tout ce que les hommes ont de plus cher, par sa mere & par son fils: ce prince se laissa mourir de faim, dans la crainte d'être empoisonné par le Dauphin.

Le baron de Montmorenci, qui toute sa vie avoit partagé la fortune du Roi, n'étoit gueres plus heureux que ce Prince. Il avoit perdu son épouse Jeanne de Fosseux, qui lui avoit apporté en dot les baronnies de Nivelle, de Fosseux, d'Auteville, de Wymes & de Barly; il en avoit eu deux fils dont on a parlé plus haut, tous les deux pleins de feu, de courage & d'ambition, promettant de soutenir dignement leur nom; mais Jean II n'eut pas plutôt épousé en secondes noces Marguerite d'Orgemont, que l'intérieur de sa maison ne fut plus rempli que de troubles & de querelles domestiques: son épouse devint aussi odieuse à ses fils, qu'elle lui étoit chere ; ils s'éloignerent de la maison paternelle ; & malgré les menaces de Jean II, ils embrasserent le parti du duc de Bourgogne. Bien-tôt après, ces deux aînés en vinrent entr'eux à une rupture ouverte ; ils se défierent mutuellement à un combat particulier ; peu s'en fallut qu'ils ne s'égorgeassent auprès d'Ecouen. Jean II se crut autorisé, par la conduite de Jean & de Louis, à les déshériter, & à transférer les droits d'aînesse à son troisieme fils Guillaume de Montmorenci, qu'il avoit eu de Marguerite d'Orgemont : telle est l'époque du schisme de la maison de Montmorenci, & le commencement de la haute fortune de Guillaume de Montmorenci, qui, comme on verra dans la suite, trouva le moyen de rester en possession des grandes & riches terres de sa maison.

Cependant Louis XI commençoit son regne sous les auspices du despotisme & de l'ingratitude. Il dépouilla de leurs charges & per-

Histoire de la maison de Montmorenci p. 283.
Histoire de Louis XI.

sécuta presque tous ces braves chevaliers qui avoient contribué avec tant de courage & de gloire aux victoires de son pere : il n'y eut gueres, de tous les vieux serviteurs de Charles VII, que le baron de Montmorenci, dont le nouveau Roi ne pouvoit s'empêcher de respecter la vertu, le désintéressement & la grandeur d'ame, qui fût conservé dans ses dignités.

La conduite de Louis XI lui aliéna le cœur de tous les François; mais s'il oublia les devoirs d'un Roi, la moitié de la nation & presque tous les grands, oublierent ceux de sujets : l'intérêt personnel produisit la ligue du bien public. 1464. 1465.

Le baron de Montmorenci donna à Louis XI les mêmes marques de fidélité & d'attachement qu'il avoit données à Charles VII. Ses deux fils aînés n'imiterent point son exemple : il paroît cependant que c'est à la tyrannie du gouvernement féodal, qu'il faut attribuer leur révolte. Ils possédoient l'un

& l'autre en Artois & en Flandre de grandes terres du chef de leur mere Jeanne de Fosseux : on sait que telles étoient les loix des fiefs, que si un vassal eût refusé de marcher sous les drapeaux de son seigneur, son fief étoit confisqué. La seule crainte de perdre leur héritage, les arma donc dans la guerre du bien public ; mais Jean II, qui avoit autrefois tout abandonné pour suivre son Roi, exigeoit de ses enfants le même sacrifice. Au défaut des deux aînés, il alla se présenter au Roi avec Guillaume, le dernier de tous, qui n'avoit encore que quinze ans : le baron, quoique très-avancé en âge, combattit avec courage à la bataille de Montlhéri & au siege de Paris.

On connoît le succès de la guerre du bien public ; on sait que le Roi, après s'être vu sur le point d'être accablé & détrôné, ne désarma ses ennemis qu'en leur accordant tout ce qu'ils exigeoient. André de Laval, sire de Lohéac, recouvra la dignité de maréchal de France, dont il avoit été dépouillé; il obtint auſſi celle d'Amiral; enfin, à la création de l'ordre de Saint-Michel, il fut reçu chevalier immédiatement après le duc de Guienne, le duc de Bourbon & le connétable de Saint-Paul;

Après la paix, les ſeigneurs de Nivelle & de Foſſeux rentrerent en France; mais ils ne trouverent qu'un pere irrité, & une marâtre implacable. Les dernieres années de Jean II s'écoulerent dans l'amertume & la douleur; il tenta de rompre les liens qui attachoient ſes deux fils au duc de Bourgogne; mais ces liens étoient devenus encore plus forts: l'aîné avoit épouſé dans les Pays-Bas l'héritiere d'une branche de la maiſon de Vilain; l'autre, l'héritiere de la maiſon de Vaſtines; la néceſſité de conſerver de ſi grands biens ne fut point reçue de Jean II, qui bien-tôt après ne mit plus de bornes au reſſentiment qu'il avoit conçu contre ſes deux fils.

1471.

Histoire de la maison de Montmorenci.

En effet, la guerre n'eut pas plutôt recommencé entre le Roi & le duc de Bourgogne, que le baron de Montmorenci somma, à son de trompe, Jean (a) de Nivelle & Louis de Fosseux de servir le Roi. Ni l'un ni l'autre n'ayant comparu, il les traita de chiens & les déshérita : il fit donation entre-vifs de la baronnie de Montmorenci, & généralement de tous ses biens, à son troisieme fils Guillaume, qui combattoit alors en faveur du Roi. On conçoit combien la sévérité de Jean II dût plaire à un Prince du caractere de Louis XI : il autorisa la donation

1477.

Histoire de Louis XI de Mademoiselle de Luſſan, tom. I, page 381.

& reçut le 28 Octobre 1472, Guillaume à foi & hommage-lige. Jean II ne survécut pas long-temps à cette fatale disposition qui intervertit l'ordre de succession dans son illustre maison : il mourut, dit un historien de Louis XI, *le plus ancien seigneur, & le plus honnête homme de la nation.* Il est constant

[a] De là est venu le proverbe : Il ressemble au chien de Jean de Nivelle, il s'enfuit quand on l'appelle.

qu'il servit l'Etat pendant plus de cinquante ans avec une fidélité inébranlable. Plusieurs Ecrivains l'ont mis au nombre des maréchaux de France ; mais il ne parvint jamais à cette dignité.

L'amitié dont Louis XI l'honoroit, ne garantit point Charles de Melun, lieutenant-général, & grand-maître de France, qui avoit épousé une de ses filles, de la destinée la plus tragique : le Roi, sur quelques soupçons d'infidélité, fit trancher la tête à ce seigneur.

Le baron de Montmorenci éprouva lui-même un jour, malgré tout son zele, combien Louis XI étoit dur, impérieux, despotique. On sait que ce Prince, au commencement de son regne, avoit interdit la chasse à toute la noblesse de son Royaume. Jean II, malgré l'édit, avoit conservé ses équipages de chasse ; le Roi, qui venoit souvent à Ecouen, ne s'en fut pas plutôt apperçu, que sans égard à l'hospitalité, il y fit mettre le feu.

1477.
Amelgardus libro primo Historiæ Ludovici XI.

K k iv

Quoique Jean II n'eût laissé à ses fils aînés d'autre héritage que ses malédictions, l'un & l'autre fonda une branche très-illustre & très-puissante : celle du baron de Nivelle subsista dans les Pays-Bas jusqu'en 1570, Philippe de Montmorenci, le dernier de ses descendants mâles, le plus riche seigneur des Pays-Bas, étoit souverain des comtés d'Hornes, d'Altena, de Mœurs & de Veert ; il faisoit battre dans cette derniere ville des monnoies d'or & d'argent. Cette branche a produit trois chevaliers de la toison d'or, un amiral des dix-sept provinces, des capitaines des gardes de l'Empereur Charles-Quint, & de Philippe II, roi d'Espagne ; des chefs du conseil des finances, des gouverneurs de province, & des généraux d'armée.

La branche de Montmorenci-Fosseux, devenue l'aînée de toute la maison en 1570, subsiste encore aujourd'hui avec éclat : elle est divisée en trois branches, Montmorenci-Fosseux, Montmorenci-Luxembourg & Montmorenci-Robeque. On sait que la seconde de ces branches a produit trois maréchaux de France, des capitaines des gardes de Louis XIV & de Louis XV, trois gouverneurs de Normandie, trois ducs & pairs & quatre chevaliers des ordres du Roi : on compte dans celle de Robeque trois grands d'Espagne de la premiere classe, cinq chevaliers de la toison d'or, un grand-maître de la maison de la Reine d'Espagne, des généraux & des gouverneurs de Province.

Mais la postérité de Guillaume de Montmorenci l'emporta encore en éclat sur celle de ses aînés ; elle a donné à la France, dans l'espace d'un peu plus d'un siecle, deux connétables, deux grands-amiraux, deux grands-maîtres, quatre maréchaux, cinq ducs & pairs, huit chevaliers de Saint-Michel avant l'institution de l'ordre du Saint-Esprit ; trois chevaliers de ce dernier ordre, deux de la jarretiere, des colonels-généraux des Suisses & de la cavalerie légere : c'eſt par cete branche ſubſtituée en la place des aînés, qu'on va continuer cette hiſtoire.

GUILLAUME, ſeigneur de Montmorenci, d'Ecouen, de Chantilly, d'Amville, de Conflans-Sainte-Honorine, de Château-neuf, de la Rochepot, de Thoré, de Neele, de Champroi, d'Auſois, de Chavency, &c, premier baron de France, chevalier de Saint-Michel, chevalier d'honneur de Madame mere du Roi François I, gouverneur de l'Orléanois, capitaine des châteaux de Vincennes, de Saint-Germain-en-Laye, de Beauté ſur Marne & de la Baſtille, conſeiller & chambellan des rois Charles VIII, Louis XII & François I.

Quoique Louis XI, ce monarque ſi fier & ſi abſolu, eût autoriſé la donation de la baronnie de Montmorenci en faveur de Guillaume, le baron de Foſſeux n'attendit pas la mort de ce Prince pour attaquer les diſpoſitions de ſon pere. Comme le ſeigneur de Nivelle, l'aîné des trois freres, étoit mort onze jours avant, le baton de Montmorenci-Fosseux, il réclamoit tout l'héritage paternel ; il fondoit ses prétentions sur la coutume de Paris, qui n'admettoit point alors la représentation ni en ligne directe ni en ligne indirecte. Mais le Parlement de Paris, après une action des plus célebres, confirma par arrêt du 20 Juillet 1483, la donation en faveur de Guillaume : le baron de Fosseux s'opposa à l'exécution de l'arrêt en vertu des droits qu'il avoit sur la moitié de la baronnie de Montmorenci, & des autres terres en litige, comme douaire de Jeanne de Fosseux sa mere ; mais enfin il transigea avec son frere, par acte du 27 Octobre 1483, & lui céda toutes ses prétentions, moyennant certains avantages qu'il en reçut. Depuis ce temps-là, Guillaume prit la qualité de baron de Montmorenci ; cependant cette baronnie, la premiere & la plus ancienne du Royaume, lui étoit encore contestée par Jean II, baron de Nivelle, son neveu : il ne s'en vit paisible possesseur qu'en 1492.

Regiſtres du Parlement.

1483.

Guillaume, devenu par le bienfait de son pere l'un des plus riches seigneurs du Royaume, se montra digne de sa fortune. On a vu qu'à peine sorti de l'enfance, il avoit servi Louis XI avec beaucoup de zele & de courage dans la guerre du bien public : la suite de sa vie répondit à de si beaux commencements ; il s'acquit, par sa sagesse & ses vertus, l'estime & l'amitié de tous les Rois sous lesquels il vécut.

Après la mort de Louis XI, Anne de France, sa fille aînée, s'étoit chargée de l'administration de l'Etat, en vertu du testament de son pere. Le duc d'Orléans, depuis Louis XII, qui en qualité de premier Prince du sang, aspiroit à la principale autorité, s'adressa en vain au Parlement pour obtenir un arrêt en sa faveur ; le premier président, la Vaquerie, lui répondit que c'étoit aux Etats généraux à décider à qui appartenoit l'administration du Royaume.

On convoqua donc les Etats à 1483.
Tours : le baron de Montmorenci *Extrait du* y parut en qualité de député de *livre des E-* la noblesse de l'Isle de France. *Tours* On voit dans les actes de cette *Histoire de* célebre assemblée, qu'il y est tou- *la maison de* jours nommé premier baron de *ci, p. 353.* France : au reste, il donna une si haute idée de sa prudence & de ses lumieres à Anne de France, qu'elle le choisit pour un des chambellans du Roi son frere. C'étoit la destinée de ce seigneur de plaire à tous les Rois de son temps : Charles, dernier roi titulaire de Naples, de la maison d'Anjou, celui-là même qui laissa la Provence à Louis XI, lui avoit légué, en mourant, six mille écus d'or.

Cependant la guerre civile avoit éclaté en France. Le duc d'Orléans cédant au ressentiment de voir madame Anne de France maintenue en possession du gouvernement par le suffrage des Etats généraux, avoit levé l'étendard de la révolte : chassé de son appanage par les armes victorieuses de Madame, il fut porter le malheur, qui le suivoit, en Bretagne. Le duc François II, qui osa le protéger, succomba bien-tôt : le duc d'Orléans, pris à la bataille de Saint-Aubin, languit long-temps dans la grosse tour de Bourges. On sait qu'il ne dût sa liberté qu'au sacrifice qu'il fit de sa passion pour Anne de Bretagne, & qu'il engagea cette Princesse à épouser le Roi : elle lui porta en dot la Bretagne, qui dès-lors devint province du Royaume de France.

1488 & suiv.

1493.

Le Royaume étoit parvenu au comble de la gloire & de la puissance : il ne tenoit qu'à Charles VIII d'être l'arbitre de l'Europe. Il aima mieux en être la terreur par son invasion en Italie. On sait qu'avec une armée médiocre, mais composée de l'élite de la noblesse de France, au nombre de laquelle étoit Guillaume de Montmorenci, il eut la gloire de conquérir en six semaines le Royaume de Naples ; mais ses succès & sa puis-

1494.
1495.

sance allarmerent toute la république chrétienne ; delà la jalousie & la haine de presque tous les Potentats de l'Europe contre les François ; delà l'origine d'une guerre ruineuse, qui à différentes reprises, dura plus de soixante ans, c'est-à-dire jusqu'au traité de Câteau-en-Cambresis.

Charles VIII ne survécut pas long-temps à la gloire d'avoir pris Naples, & à la honte de l'avoir perdu : ce Prince, dont le courage & la bonté méritoient une plus longue vie, mourut à la fleur de son âge, laissant son trône & sa femme au duc d'Orléans. 1497.

On peut dire qu'avec Louis XII, la clémence & l'humanité monterent sur le trône : il doit être mis dans la classe peu nombreuse des Princes que la souveraine puissance a rendu meilleurs. L'infortune avoit adouci son caractere fier & emporté ; la couronne en fit presque un Prince accompli ; il ne lui resta de l'impétuosité de sa jeunesse, que le courage & la franchife. Son avénement au trône ne fut marqué que par des bienfaits ; il diftingua, par l'accueil le plus flatteur, tous les feigneurs qui avoient témoigné le plus de zele à fon prédéceffeur : le baron de Montmorenci obtint de lui le gouvernement de l'Orléanois & des châteaux de Saint-Germain-en Laye, & de la Baftille.

1498. Ce Seigneur parut avec éclat au facre du Roi, & à fon entrée à Paris. Voici un léger extrait de l'ordre obfervé à cette derniere cérémonie : il pourra fervir à faire connoître le rang que tenoient les principaux feigneurs du Royaume : c'eft ainfi que s'exprime l'auteur de la relation : *A dextre & à feneftre, devant & après ledit Seigneur Roi, marchoient les ducs d'Alençon, de Bourbon, de Lorraine, de Nemours, les comtes de Naffaw, de Dunois, de Guife, de Montpenfier, de Ligni, de Raveftein, le prévôt de Paris, le baron de Montmorenci, le feigneur de la Tremoille, Louis Monfeigneur, les fénéchaux de Thoulou-fe, se, de Beaucaire, de Lyon & d'Armagnac*, les *seigneurs de Piennes & de Chaumont, Jacques monseigneur de Rohan & plusieurs autres si richement habillés & somptueusement montés sur coursiers & genets, bardés de drap d'or à papillottes de fin or, que c'étoit chose inestimable à voir & à comprendre.*

Cependant les prétentions de Louis XII, sur le Milanès & le royaume de Naples, avoient déjà allumé une nouvelle guerre en Italie. Guillaume de Montmorenci suivit le Roi dans toutes ses campagnes jusqu'en 1509, que ce Prince qui le regardoit comme l'un des hommes les plus sages & les plus éclairés de la France, le laissa auprès de la Reine avec le chancelier Jean de Ganai, les sires de Saint-Vallier & du Bouchage, pour gouverner le Royaume sous les ordres de cette Princesse : Louis XII honora jusqu'à la fin de sa vie Montmorenci de sa confiance & de son amitié.

Le roi François I, augmenta

1509.

Histoire de Louis XII de Saint-Gelais.

encore les honneurs de ce seigneur : il l'admit dans l'ordre de Saint-Michel, qui n'étoit alors composé que de trente-six chevaliers ; on sait qu'il n'y avoit point de charge & de dignité dans le Royaume, qui fût plus recherchée des Princes & des Grands, que le collier de cet ordre. C'est qu'avec la splendeur de la naissance, il falloit encore, pour y parvenir, des titres plus glorieux, de grandes vertus & des services éclatants rendus à la patrie. Bien-tôt après, le même Prince le choisit pour chevalier d'honneur de la duchesse d'Angoulême sa mere ; il lui donna aussi le gouvernement des châteaux de Vincennes & de Beauté-sur-Marne.

En 1524, année si célebre par les désastres de la France, le Parlement de Paris donna au baron de Montmorenci des marques de confiance & d'estime, telles qu'aucun citoyen n'en a peut-être jamais reçues de plus glorieuses de la part de cette auguste compagnie. Aussi-

Histoire de la maison de Montmorency, pag. 358.
Cérémonial de France, pag. 178.

1524.

tôt après qu'on eut reçu les nouvelles de la perte de la bataille de Pavie & de la prise du Roi, il ordonna qu'on inviteroit le baron de Montmorenci à se rendre dans la capitale, pour rassurer, par sa présence, les habitants consternés, & maintenir la paix, l'ordre & la tranquillité.

Regiſtres du Parlement.

1524.

Guillaume de Montmorenci, qui dans le deuil général de la nation, avoit encore à déplorer le malheur de ses deux fils blessés & pris avec le Roi, triompha bien-tôt de sa douleur : il parut au Parlement; là le premier président, Jean de Selve, lui déclara que la compagnie pleine de confiance en son amour pour l'Etat, sa sagesse, son expérience, son autorité & ses lumieres, le prioit de veiller au salut du Royaume, & en particulier de la capitale.

Le généreux vieillard, (il avoit alors plus de soixante & quinze ans) répondit en peu de mots & avec beaucoup de modestie, qu'il étoit sensiblement touché de l'o-

Ibidem.

pinion que le Parlement daignoit avoir de fon zele ; que fes concitoyens le verroient toujours prêt à facrifier fa fortune & fa vie pour le fervice du Roi, de la Famille royale & de l'Etat. Il donna en effet de fi bons ordres, & contint tellement par fa vigilance & fes foins, les mauvais citoyens dont le Parlement croyoit avoir lieu de craindre l'audace & les brigandages, qu'on n'apperçut ni dans Paris, ni dans le refte du Royaume la plus légere fermentation. C'eft ainfi que Charles-Quint ne retira de la victoire de Pavie, qui pouvoit entraîner la chûte du Royaume, que la gloire d'avoir pris le plus grand Roi de l'univers.

Il eft conftant que Louife de Savoie, mere du Roi, répara dans ces trifles circonftances par fa haute fageffe, la faute énorme qu'elle avoit commife en perfécutant injuftement un Prince ; tel que le connétable de Bourbon : elle détacha des intérêts de Charles-Quint

1525.

le roi d'Angleterre Henri VIII. *Extrait de l'inventaire du tréſor des chartres du Roi.* Le baron de Montmorenci ſe rendit garant des conditions du traité, avec le cardinal de Bourbon, les ducs de Vendôme & de Longueville, les comtes de Saint-Paul, de Comminges, de Brienne, de Maulévrier & de Brezé, c'eſt-à-dire, tout ce qu'il y avoit de grand dans la nation.

Le Roi, en ſortant de ſa priſon, combla le baron d'éloges & de careſſes : il lui remit les lods & ventes de quelques terres qui lui étoient échues & qui relevoient de la groſſe tour du Louvre : il voulut qu'on inſérât dans les lettres-patentes, que c'étoit *en faveur des bons, grands & très-agréables ſervices que ſon dit couſin, le baron de Montmorenci, lui avoit rendus, ainſi qu'aux Rois ſes prédéceſſeurs.*

Guillaume conſacra le reſte de 1528. ſa vie à la retraite & à la piété : il ne paroît plus dans l'hiſtoire, qu'à l'aſſemblée des Grands que le Roi avoit convoquée dans la grande ſalle du Palais pour recevoir le défi de l'Empereur Charles-Quint. On voit dans le cérémonial de France, que le comte de Laval & le baron de Montmorenci précédoient les princes des maisons de Luxembourg, de Stuard, de Cleves, & les maréchaux de France. Ce Seigneur mourut le 24 Mai 1531, âgé de plus de quatre-vingts ans; il y en avoit plus de soixante, qu'à l'exemple de ses ancêtres, il servoit l'Etat avec autant de gloire que de fidélité. C'est lui qui a fait rebâtir l'église de Saint-Martin de Montmorenci.

Peu d'hommes ont été plus fortunés que ce baron de Montmorenci. Il vécut dans une parfaite santé jusqu'à l'âge le plus avancé. Son épouse Anne Pot, fille de Gui Pot, comte de Saint-Paul, grand-chambellan de France, l'une des plus riches héritieres du Royaume, lui donna pour enfants des héros. Avant que de mourir, il eut la joie de voir Anne de Montmorenci, l'aîné de ses fils, maréchal & grand-maître de France, premier ministre, gouverneur du Languedoc, chevalier des ordres de Saint-Michel & de la jarretiere ; le second, François de Montmorenci, baron de la Rochepot, étoit gouverneur de Paris, de l'Isle de France, & de Picardie, pendant la minorité d'Antoine de Bourbon, duc de Vendôme, chevalier de Saint-Michel & capitaine de cent hommes d'armes.

L'amitié constante & invariable de tant de Rois pour Guillaume de Montmorenci, la haute idée que le Parlement avoit conçue de lui, annonce de grandes vertus & de grands talents.

Quoique ce seigneur n'ait jamais commandé les armées en chef, il étoit si chéri & si estimé de la noblesse, qu'elle le choisissoit presque toujours pour juge dans les pas d'armes & les tournois qui faisoient encore alors ses délices. Au reste, ses lumieres ne s'étendoient pas seulement à la science de la guerre, de la chevalerie & de la politique : c'étoit le seigneur

Histoire de la maison de Montmorenci, p. 355.

le plus versé du Royaume dans la connoissance du droit féodal, au point que le Parlement avoit souvent recours à lui, & au comte de Château-Roux, pour s'éclaircir de ces matieres épineuses & difficiles.

Mélanges historiques de Saint-Julien, liv. 4, ch. 5.

La science de Guillaume de Montmorenci doit d'autant moins surprendre, qu'il n'y avoit presque point de prince & de seigneur dans le Royaume, qui eût une plus grande quantité de vassaux.

Fin du Tome premier.